U0111806

大展好書　好書大展

品嘗好書　冠群可期

大展好書　好書大展
品嘗好書　冠群可期

劉慶洲

太極拳推手

與

66式綜合太極拳

劉慶洲　著

大展出版社有限公司

李天驥先生照

1960 年，北京市勞動人民文化宮太極拳中級班師生合影
後排左起第 9 人為李天驥先生，第 11 人劉慶洲先生

1979 年，日本太極拳協會訪華團來京學習，老師與學員合影
後排左起老師有：牛勝先、葉書勛、雷慕尼、孫劍雲、趙華舫、劉高明、
劉晚蒼、楊卓元、張旭初、劉慶洲

1982 年，全國太極推手規則研究會人員合影

劉慶洲先生在北京勞動人民文化宮舉辦太極拳推手輔導班 20 餘年。
此照片是 1986 年，學員結業時與劉慶洲先生的合影

广东省广州市太极拳教师进修班 一九八四年三月二十三日至四月四日

1984 年 3 月，李天驥先生、劉慶洲先生應廣東省廣州市體委邀請
開辦太極拳教師進修並與學員會影

1985 年起，劉慶洲先生先後 20 餘次去日本教授太極拳及太極推手

2006 年 9 月 24 日，劉慶洲在人民大會堂表演太極拳後與太極拳各名家合影

2015 年，劉慶洲先生與劉連有老師在「紀念李天驥先生誕辰 100 周年大會」上表演太極推手

2007 年，慶洲太極拳推手研究會成立大會參會人員合影

2012 年，參加慶洲太極拳推手研究會成立五周年大會人員合影

2017 年，參加慶洲太極拳推手研究會成立十周年大會人員合影

2009 年，日本健康太極拳協會熊本支部來京與慶洲太極拳推手研究會進行拳藝交流

2010 年，日本友好太極拳協會來京與慶洲太極拳推手研究會進行拳藝交流並合影留念

2013 年，劉慶洲先生應北京市海淀區武術協會邀請進行推手教學

劉慶洲先生與李天驥先生推手

劉慶洲先生帶領弟子在菖蒲河練習太極拳

劉慶洲先生簡介

劉慶洲（1933—2017），男，漢族，生於河北深縣。20世紀50年代師從李天驥先生並追隨修煉四十載。他勤學苦練，對太極拳、形意拳、八卦掌、武當劍、太極刀等造詣頗深，拳架規範舒展、端正大方；太極拳勁力沉穩渾厚、氣勢磅礴、技藝上乘。

在推手方面更是潛心研修數十載。在郝家俊老前輩及劉晚蒼老師的指點下，較全面地領悟到太極推手之精髓，成為武術界備受推崇的太極推手大家。

劉慶洲先生曾為中國武術八段，國家級社會體育指導員，國家級武術榮譽裁判員。北京市武術運動協會第二屆、第三屆委員。曾任朝陽區武協副主席兼競訓部主任，1998年後多次擔任北京市及朝陽區太極拳比賽總裁判長。常年應聘擔任北京市及朝陽區社會體育指導員的技術培訓及考核工作。多次參與《太極推手》規則的制定工作。

2007年在北京市武術運動協會的關心和支持下成立了「慶洲太極拳推手研究會」，並任首任會長。「在北京50多個研究會中，慶洲太極拳推手研究會是唯一以『技擊』為研修核心和練習特色的」，曾得到

原亞洲武術聯合會秘書長趙雙進的高度肯定。

劉慶洲先生傳播太極拳長達半個多世紀，足跡走遍大江南北。1979年起向國際友人傳播太極拳，曾長期擔任國際俱樂部外賓班武術教練，常年接待外國太極拳友好學習團及個人。1985年起先後20餘次應邀赴日講學。在北京市勞動人民文化宮舉辦太極拳、太極推手輔導班已有20多年，為太極拳及太極推手的普及和精進有著惠及海內外的突出貢獻。

1991年起多次任北京隊教練，帶隊參加全國太極拳、劍、推手錦標賽，均取得好成績。曾率中老年隊連續三次榮獲全國中老年太極拳比賽集體、個人、團體總分第一的好成績。多年來，他的學生在北京市及全國太極拳比賽中獲得優異成績的不乏其人。

劉慶洲先生的武德武技備受同道稱頌，對弟子一視同仁，傾囊而授，優秀者眾多，有入室弟子99人。在80多歲高齡時依然精神矍鑠地在一線教學，為太極後代的培養辛勤耕耘，讓人敬佩，堪稱楷模。

李天驥先生簡介

李天驥（1915—1996），男，生於河北省安新縣普通農家，自幼隨父習武。1930年進入山東省國術館當學員，畢業後留館任教。先後作過小學體育老師、縣國術館館長、太極拳武館館長。1952年任哈爾濱工業大學武術講師、哈爾濱武術館聯合會主任。1954年任中央體育學院（今北京體育大學）競技科武術班教練組長，培訓了新中國第一支國家武術隊運動員。1955年調到國家體委武術研究室、武術科、武術處、武術研究院工作，1990年退休。

李天驥先生工作兢兢業業，實事求是，精益求精。1955年，在集體討論的基礎上，他執筆主編了國家體委普及武術的第一套規範教材《簡化太極拳》。以後又陸續整理了「八段錦」「三十二式太極劍」「八十八式太極拳」「太極推手」等武術教材。

他參加了第一部《武術競賽規則》的制定，以及第一部全國體育院校本科武術講義的編寫，並參加了多種武術規定套路、競賽套路、傳統套路的編寫和審定。在挖掘整理武術遺產中，他四訪少林寺，二上武當山，深入民間，拜訪專家，整理了很多武術資料，

出版了《形意拳術》《武當劍術》《中國武術指南》《太極拳真髓》《武當絕技資料匯編》等多部中外文武術專著，超過150萬字。

1959年，日本政治活動家松村謙三率團訪華，周恩來總理向客人介紹了中國太極拳。李天驥先生受命教授日本客人，開啟了新中國與日本武術交流的序幕。改革開放以來，李天驥先生先後6次赴日訪問教學，影響很大，日本武術界稱他為「太極拳之父」。

1985年，國家體委授予李天驥先生「新中國體育開拓者」獎章。1995年，在中國武術研究會開展的全國武林百傑評選活動中，李天驥先生被評為當代「十大武術名師」。

目　錄

第一章
六十六式綜合太極拳概述

第一節　六十六式綜合太極拳簡介

六十六式綜合太極拳是中國武術史上第一套綜合太極拳。所謂綜合，就是將楊、陳、吳、孫式等各流派太極拳的代表動作歸納到一個套路中來，這是一次大膽的拳術革命，具有畫時代的意義，是太極拳發展史上的里程碑。

人們說第一個吃螃蟹的人是最勇敢、最具有遠見卓識的人。同樣，第一個敢於開拓新路、敢於面對種種非議和指責的人，不僅要有創新精神，還要有承擔風險的勇氣。現在看來習以為常的事，在半個世紀以前，在當時的歷史背景下可能被視為是一種背逆。要繼承和發展光有背逆的勇氣是不夠的，還要有全面掌握各流派的技術能力、精通各流派的特點才能做到。

創編六十六式綜合太極拳的這個人是誰呢？他就是曾獲「新中國體育開拓者」稱號、中國「武術十大名師」之一，家喻戶曉二十四式間化太極拳的創編者，我的恩師李天驥先生。

1959 年，中國武術界醞釀建立太極拳「健將級」人才等級制度，以什麼標準來衡量呢？需要有一個統一的標準才好評定。主管部門經過認真思考和權衡，決定編制「健將級」規定套路，全面表現太極拳各流派的風采。但這樣做的難度和風險都很大。李天驥老師勇敢地承擔起主編這

套太極拳的任務，經過反覆推敲與試驗及多次修改，最終編纂完成了六十六式綜合太極拳。

以後由於情況變化，武術等級制的工作暫時停止，這套六十六式綜合太極拳，李天驥老師僅在1960年勞動人民文化宮舉辦的太極拳師資班很小的範圍內進行了教學培訓，我有幸參加並學到了這個套路。但遺憾的是這套中國史上的第一套綜合太極拳當時沒有公開推廣，也沒有正式的文字圖像資料出版，致使知道這套太極拳的人很少。

六十六式綜合太極拳體現了各流派的風采，它集百家拳術之長，其特點是以楊式為主，兼有陳式、吳式、孫式太極拳的代表動作並有改進與創新。此套路編排合理，內容充實，技術結構完整，且動作新穎活潑，連接巧妙，手法嚴謹，步法靈活，腿法全面，方位多變，攻防合理，運動均衡，是一套值得推廣的太極拳套路。

為了將這套有意義、有價值卻難以尋覓的六十六式綜合太極拳加以流傳並得以普及，今特出此書，一是為紀念我的恩師李天驥老師，二是將這套「健將級」太極拳套路貢獻給廣大的太極拳愛好者。

第二節　六十六式綜合太極拳結構

六十六式綜合太極拳由66個動作組成，共分7段，全套動作完成大約需要9分鐘。

第一段由 9 個基本動作組成，全部取自楊式太極拳，動作柔和舒展，沉穩渾厚。其中，右攬雀尾、左進步搬攔捶、左攬雀尾屬於創新動作。手型涵蓋了掌、拳、鉤；手法有上提、下按、掤、捋、擠、按、推按、雲手、攔掌、摟掌、撇拳等基本手型；步型有開立步、虛步、弓步、跟步、墊步、丁步等。

第二段由 12 個基本動作組成。其中，10 個取自楊式太極拳；轉身推掌取自孫式；上步右擠勢取自吳式。動作步法多靈活，角度多變化，手法也很全面。

第三段由 8 個動作組成。其中，6 個取自楊式，掩手肱捶、小擒打取自陳式。突出了力量的練習，增加了難度。左下式、撤步右分腳是創新動作。

第四段由 10 個動作組成。右單鞭、右雲手、左雙峰貫耳是創新動作，打破了以前的常規，增加了反向的練習。撤步左高探馬也是創新動作，從進步變成了退步，增強了運動的均衡性及雙向技擊效果。左踢腳、轉身右踹腳取自陳式，蹬腳、踢腳、踹腳突出了腿法的練習。

第五段由 7 個動作組成。反身二起腳取自陳式，虛步壓掌取自孫式。此段動作腿法難度加大，翻身二起腳不但要騰空，而且要求在空中拍擊腳面。

第六段由 8 個動作組成。有孫式的轉身單擺蓮；陳式的左撩右彈、轉身雀地龍；吳式的左提膝托掌及撤步攬雀尾。快速發力的退步左擠勢是創新動作。此段既有孫式太極拳的轉換靈活，又有陳式太極拳的渾厚有力，鬆活彈抖，同時還有吳式太極拳的緊湊舒展，達到了此套路的最

高潮。

第七段由 12 個動作組成。全部取自楊式太極拳，其中左撇身捶、撤步右高探馬、退步右搬攔捶是創新動作。招勢中組合流暢，活潑多變，柔中寓剛，進退有度。整套動作在和緩中開始，在和緩中結束。

第三節　六十六式綜合太極拳動作特點

一、動作新穎

六十六式綜合太極拳納入了各式太極拳的代表動作，連接順暢，動作活潑新穎。同時還出現了一些傳統套路從未出現的新動作，如右雲手、撤步左（右）高探馬、退步左擠式、退步搬攔捶等。

二、左右對稱

六十六式綜合太極拳一改傳統套路中運動不均衡的狀態。例如，不但有左雲手，還有右雲手；不但有左單鞭，還有右單鞭；不但有撤步左高探馬，還有撤步右高探馬；不但有左進步搬攔捶，還有右進步搬攔捶、退步右搬攔捶；不但有左雙峰貫耳，還有右雙峰貫耳；不但有左撇身捶，還有右撇身捶等，不但增強了鍛鍊的均衡性，同時也增強了攻防的全面性。

三、步法靈活

六十六式綜合太極拳出現了許多活步動作，如活步攬雀尾、活步如封似閉、活步小擒打等。不要小看這墊半步，它們在實用上有著不可估量的優勢，不但增加了動作的靈活性，且優美活潑，而且這一發明用在推手上，將會發揮出巨大的威力。

四、腿法全面

六十六式綜合太極拳幾乎涵蓋了太極拳所有的腿法，如左右分腳、左右蹬腳，以及踢腳、踹腳、二起腳、單擺蓮、雙擺蓮等。其中，十字拍腳是任何一套太極拳都沒有的創新動作。

五、方位多變

六十六式綜合太極拳比傳統套路更多地採用了方位的變換。如孫式的轉身推掌；楊式的四角穿梭；陳式的反身二起腳、轉身雀地龍及左撩右彈，同時還推出了新的多變動作，如轉身右踹腳、退步左擠式等。

透過角度的變化，更加增強了攻防的全方位性，同時也提高了習練的興趣。

六、攻防合理

六十六式綜合太極拳的動作千變萬化，招招貫穿，勢勢相承，可攻可防。

例如，左、右攬雀尾，跟半步，進半步，「偷偷」進了一步，最後成弓步，貼身近打威力更大，大大提高了進攻力度。

又如第48動左摟膝拗步、第49動摟膝指襠捶，先攻上再攻下。緊接第50動左撩右彈，左裹右裹，左拳由下向前上方撩出，右拳由上向下彈抖而出，左右夾擊再接第51動退步左擠勢，右腿後撤一步，左手前探，左腿撤回，右腿跟進，快速近身向前搭擠，手腳齊發，手到身先擁威力大無窮。緊接第52動轉身雀地龍，第53動左提膝托掌，回身又穿又挑，向下有穿掌，向上有挑掌，還有膝頂，達到了全方位的進攻。

第四節　六十六式綜合太極拳技術分析

序號	動作名稱	動數	手型	步型	承重	手法	步法	腿法	取材（式）
1	起勢	3	掌	開立	雙	提、按	側		24
2	右攬雀尾	14	掌	弓	左右	掤捋擠按	上		24
3	左單鞭	4	掌	左弓	左	推按	上		24
4	左雲手	6	掌	開立	雙	雲	側行		24
5	左摟膝拗步	3	掌	弓	左	摟、推	上		24
6	手揮琵琶	3	掌	虛	左虛	攔、合	跟		24
7	右撇身捶	2	拳、掌	弓	右	捶	上		88
8	左進步搬攔捶	5	拳	弓	右	捶	進		創新

序號	動作名稱	動數	手型	步型	承重	手法	步法	腿法	取材（式）
9	左攬雀尾	10	掌	弓	左	掤捋擠按	上		24
10	斜飛勢	4	掌	弓	右	分、靠	上		楊
11	肘底捶	7	掌、拳	虛	右	分採捯劈切穿擒	上		88
12	倒捲肱	9	掌	虛	左右	推	退		楊
13	轉身推掌	9	掌	虛	左右	摟、推	進跟		孫
14	提手上勢	3	掌	虛	左	攔、合	退		楊
15	白鶴亮翅	4	掌	虛	右	提踩分	退		楊
16	左摟膝拗步	4	掌	弓	左	摟、推	上		楊
17	海底針	3	掌	虛	右	摟、插	跟		楊
18	閃通背	3	掌	弓	左	推、架	上		楊
19	回身白蛇吐信	5	掌、拳	歇	左	撤、推	擺		楊
20	右進步搬攔捶	4	掌、拳	弓	右	搬攔捶	上		楊
21	上步右擠勢	4	掌	弓	右	擠、按	上		吳
22	左下勢	3	鈎、掌	仆	右	穿	撤		新
23	左右金雞獨立	4	掌	獨立	左右	挑	上	提	楊
24	撤步右分腳	3	掌	獨立	左	抱、分	撤	分	楊
25	上步左分腳	4	掌	獨立	右	抱、分	上	分	楊
26	摟膝打捶	2	掌、拳	弓	左	摟、打	落		楊
27	掩手肱捶	4	拳	偏馬	偏左	衝、打	扣		陳
28	小擒打	3	拳	虛	右	擒、打	跟、墊		陳
29	如封似閉	2	掌	弓	右	分、按	上		楊
30	右單鞭	4	鈎、掌	弓	左	推	上		新
31	右雲手	6	掌	開	左右	雲	側行		新

序號	動作名稱	動數	手型	步型	承重	手法	步法	腿法	取材（式）
32	撤步左高探馬	1	掌	虛	右	推、探	撤		新
33	左蹬腳	2	掌	獨立	右	抱、分		蹬	88
34	左雙峰貫耳	3	拳	弓	左	貫拳	上		新
35	右蹬腳	3	掌	獨立	左	抱、分		蹬	24
36	右雙峰貫耳	3	拳	弓	右	貫拳	上		24
37	左踢腳	2	掌	虛	右	抱、分	上	踢	陳
38	轉身右踹腳	2	掌	獨立	右	抱、分	扭轉	踹	陳
39	進步栽捶	4	拳	弓	左	摟、打	上		88
40	翻身二起腳	3	掌	彈跳	空	拍	跳	彈	陳
41	左披身伏虎	3	拳	弓	左	繞打	上		88
42	右披身伏虎	4	拳	弓	右	繞打	上		88
43	野馬分鬃	11	掌	弓	左右	分、採	上		88
44	四角穿梭	16	掌	弓	左右	架推	上		88
45	虛步壓掌	3	掌	虛	右	壓	跟		孫
46	左穿掌	3	掌	弓	左	穿	上		88
47	轉身單擺蓮	3	掌	獨立	左	拍	扣	擺蓮	孫
48	左摟膝拗步	3	掌	弓	左	摟、推	上		88
49	摟膝指襠捶	3	拳	弓	左	摟、打	活		
50	左撩右彈	4	拳	馬	左右	撩、彈	輾轉		陳
51	退步左擠勢	3	掌	弓	左	挒、擠	墊步		新
52	轉身雀地龍	2	鉤、掌	仆	左	穿	撤	仆	陳
53	左提膝托掌	2	掌	獨立	右	托	提		吳
54	撤步攬雀尾	6	掌	弓	左	掤挒擠按	撤		吳
55	左單鞭	3	鉤、掌	弓	左	刁、推	上		楊
56	左下勢	2	掌、鉤	仆	右	穿		仆	楊

序號	動作名稱	動數	手型	步型	承重	手法	步法	腿法	取材（式）
57	上步七星	2	拳	虛	左	架打	上		楊
58	退步跨虎	2	掌	虛	右	分、撐	退		楊
59	轉身雙擺蓮	4	掌	虛	左	拍	轉	擺蓮	楊
60	彎弓射虎	2	拳	弓	右	衝拳	上		楊
61	左撇身捶	3	拳	弓	左	撇打	上		新
62	撤步右高探馬	1	掌	虛	右	探掌	退		新
63	退步右搬攔捶	4	掌、拳	虛	右	搬攔捶	退		新
64	如封似閉	2	掌	弓	左	分、按			
65	十字手	4	掌	開立	雙	合、抱	併		楊
66	收勢	3	掌	併	雙	分、按	收		

第二章
六十六式綜合太極拳
身法概要

第一節　六十六式綜合太極拳
對身體各部位的要求

一、上　肢

（1）**頭、頸**：頭正頸直，虛領頂勁，好似頭被一繩懸吊，時時保持頂頭豎頸。用穴位說，就是始終保持百會穴與會陰穴在一條直線上。忌低頭貓腰、前俯後仰、左右歪斜。

（2）**面部**：面部自然放鬆，面帶笑容且似笑非笑。忌面部呆滯緊張。

（3）**眼睛**：兩眼平視前方，藏神，勢動神隨。

（4）**鼻**：用鼻呼吸，呼吸要深長勻細，將氣沉入丹田，呼吸往來氣貼背。後可做到配合動作進行呼吸。忌憋氣努氣。

（5）**口**：口唇輕閉，齒輕合，舌尖輕抵上齶。

（6）**下頜**：下頜微微回收。忌前仰，忌回收過多。

（7）**耳**：耳尖豎直，耳根鬆沉。

（8）**肩、肘**：鬆肩，沉肩垂肘，空腋，肘不貼肋。忌聳肩，忌兩肩一高一低。

（9）**腕、手**：塌腕舒掌。運動時腕部要靈活，五指

張開，虎口撐圓，手心內含，出手要分虛實。

（10）**胸、腹**：腹實胸寬。腹要實，胸要寬，胸要舒展且微內涵。提倡腹式呼吸。

（11）**腰、背、脊**：腰要活、要鬆、要直。背要舒、要圓。脊要外鼓。

二、下肢

（1）**襠、臀、肛**：提臀圓襠。提肛斂臀，尾閭中正。

（2）**胯**：胯要鬆，要收。

（3）**膝**：膝要屈。

（4）**腳**：腳要踏平，氣要沉到腳下。

（5）**趾**：腳趾要抓地，以穩住自身。

第二節　六十六式綜合太極拳「三型五法」

一、太極拳三型

1. 手型

（1）**拳**：四指捲曲合攏，輕貼手心，拇指彎曲壓在食指和中指的第二關節上。握拳力度要適中，不可太緊，

也不能太鬆。拳面要平。拳包括拳心、拳面、拳背。

（2）掌：五指自然分展，掌心微含，虎口成弧形且撐圓。手指不可僵直，也不可過於彎曲。

（3）鈎：手心向下，五指自然伸直，五指第一關節捏攏成鈎，垂直向下。腕部上提，腕關節放鬆。

2. 步型

（1）**開立步**：兩腳平行、與肩同寬，兩腿直立或屈膝站立。見起勢、雲手。

（2）**弓步**：兩腳前後站立，前腿屈膝前弓，全腳掌著地，膝不可超過腳尖，後腿自然微屈，曲中求直，後腳與前方成 $45° \sim 60°$ 夾角，全腳掌著地。兩腳橫向距離 $10 \sim 20$ 公分為宜，重心偏於前腿。要求腳尖對膝關節，合膝圓襠。見攬雀尾、野馬分鬃等。

（3）**虛步**：後腳與前方成 $45°$，全腳掌著地。後腿微屈，膝關節對腳尖。前腿微屈，前腳掌或後腳跟著地。兩腳橫向距離 5 公分左右，重心在後腿。見倒捲肱、手揮琵琶等。

（4）**仆步**：一腿全蹲，腳尖稍外撇，膝關節對腳尖方向，另一腿平鋪展開，貼近地面，腳尖內扣，兩腳全腳掌著地。見左、右下式，轉身雀地龍。

（5）**獨立步**：一腿獨立支撐，另一腿屈膝提起，小腿和地面垂直，大腿和地面平行或高於水平，腳尖向下或向前。見左右金雞獨立、轉身右蹬腳等。

（6）（右）**歇步**（坐盤步）：提起右腳向前上步，

於落於左腳的左前側，腳尖外擺；左腳跟抬起，隨之兩腿屈膝下蹲，兩膝貼近，成右歇步。見反身二起腳。

（7）**馬步**：兩腳平行開立，相距約三腳寬；兩腿屈膝下蹲，大腿稍高於水平；沉胯斂臀；上體正直。重心偏右為右偏馬步，重心偏左為左偏馬步。如掩手肱捶。

3. 身型

要求含胸拔背、鬆腰鬆胯、腹實斂臀、氣沉丹田，尾閭中正，旋轉靈活。

二、太極拳五法

1. 手法

主要手法有掤、捋、擠、按、採、挒、肘、靠、雲手、掌法、拳法（捶）。

要求沉肩垂肘、鬆腕舒掌、屈伸開合走弧線。

（1）**掤**：防護之手法，也可以用於進攻。掤手手心向裏，前臂橫在胸前，意在前臂外側。有掤架向外之意。拳論講「掤臂要圓撐。胸內含臂外撐，左右皆然」。還講掤力常存。

（2）**捋**：捋在掌中。上手手心向下，掌指斜向上，下手手心向上，放在上手臂內側下方，雙手由腰帶動向斜下方捋，重心回移，前腳採力。捋手要輕、要和、要順。

（3）**擠**：擠在手背。前手手心向裏，後手手心對脈搏，弓步前擠。意念專注一方。擠時腰、腳、手為合力，

快速打擠。

（4）**按**：按在腰攻。按時雙手先向下沉，此時鬆腰鬆胯，掌根再向上、向前平推發力。弓腿、長腰、展臂。

（5）**採**：採在十指。掌由前向斜下方捋帶。手往下採腳蹬地，手腳同時向下採帶產生一種奪力，採可連採。採是以手掌按住對方腕部或肘部向下沉而切之。採意在使對方偏沉一側，採手必須一虛一實，即一提一採。採要實。採時必須用腰腿腳之力，頭上領，隨對方一虛一實而變化，不能讓其站穩。

（6）**挒**：挒在兩肱。一手斜向上，前臂外旋牽動對方。掌向斜外側分打。

（7）**肘**：肘在屈使。

（8）**靠**：靠在肩胸。肩、背、上臂向斜外發力。楊式太極拳有臂靠、肩靠、背靠三種。

（9）**雲手**：兩掌在體前向兩側畫立圓，指高不過頭、低不過襠，兩掌在雲撥中翻轉擰裏。上護面，下護襠。見雲手。

（10）**掌法**：在六十六式綜合太極拳裏，掌法採用了意念在掌面或掌根的按掌和推掌，見攬雀尾和摟膝拗步；採用了意念在掌尖的插掌、挑掌、穿掌，見海底針、金雞獨立、左下勢；採用了意念在掌心的托掌、壓掌，見左提膝托掌、虛步壓掌；採用了用於防護的攔掌，見雲手。還有抹掌，見捋擠式；架掌，見閃通背；抱掌、分掌，見左蹬腳；探掌，見撤步高探馬等。在習練太極拳時應注意塌腕舒掌。

（11）**拳法（捶）**：過去老拳師說的捶就是現在人們說的拳。太極拳有五捶之說。

①**搬攔捶**：以肘為軸，先搬再攔而後捶。進攻的目標為對方的胸部。

②**撇身捶**：以肩為軸，撇身以身帶拳，力在拳背。進攻的目標為對方的頭部。

③**指襠捶**：前臂由屈到伸，用拳面進攻，目標是對方的要害——襠部。

④**栽捶**：用拳面由上向下進攻，目標是下方。

⑤**肘底捶**：屬於藏捶，進攻的目標是對方的肘、肋部。

另外，六十六式綜合太極拳用到拳的地方還有雙峰貫耳、彎弓射虎、左右披身伏虎、左撩右彈、小擒打等。

2. 步法

步法有上步、跟步、進步、退步、擺步、撤步、側行步、扣步、墊步、碾腳。

要求進退轉換、虛實分清，以保證動作變換時重心平穩，腳步輕靈。

（1）**上步**：後腳前邁一步或前腳前移半步。見右攬雀尾。

（2）**跟步**：後腳向前跟進半步。見手揮琵琶。

（3）**進步**：兩腳連續前移各一步。見左進步搬攔捶。

（4）**退步**：前腳後退一步。見倒捲肱。

（5）**擺步**：上步落腳時腳尖外擺，與後腳成八字形。見回身白蛇吐信。

（6）**撤步**：前腳後退半步。見撤步右分腳。

（7）**側行步**：兩腳平行連續側向移動。見左雲手。

（8）**扣步**：上步落腳時腳尖內扣，與後腳成八字形。見轉身擺蓮。

（9）**墊步**：一腳經另一腳內踝向前外擺，斜橫腳掌上步（腳跟先著地，腳掌撇向斜橫）。見小擒打。

（10）**碾腳**：以腳跟為軸，腳尖外展或內扣；或以腳前掌作軸，腳跟外展。見轉身推掌。

3. 身法

要求內外合一，周身相隨。

4. 腿法

腿法有分腳、蹬腳、踢腳、踹腳、二起腳、擺蓮腳。

要求支撐腿自然穩定、起落腿鬆活輕靈，保持身體中正平穩。腳下虛實分明。

（1）**分腳**：支撐腿微屈站穩，另一腿屈膝提起，腳尖下垂，小腿伸直向上，高於腰部，力點在腳背。要求腳面繃平，腳尖朝前，腿伸直。見撤步右分腳、上步左分腳。

（2）**蹬腳**：支撐腿微屈站穩，另一腿屈膝提起，小腿伸直向上，腳尖向內勾起，腳跟發力蹬出，高於腰部，要求腿自然伸直。見左蹬腳、右蹬腳。

（3）**踢腳**：支撐腿微屈站穩，另一腿腳尖勾緊，從下向前、向上踢起，高度過腰，要求腿自然伸直。見左踢腳。

（4）**踹腳**：支撐腿微屈站穩，另一腿屈膝提起，腳尖勾起，腳掌內扣，以腳掌外緣側向快速踹出，高於腰部。見轉身右踹腳。

（5）**二起腳**：左腳先起，右腳乘勢蹬地騰空躍起，右腳向前踢出，腳尖繃直，右手拍擊右腳面。係環環相扣的腿法，見翻身二起腳。

（6）**擺蓮腳**：支撐腿微屈站穩，另一條腿從異側踢起，經面前向外做扇形擺動，擺幅不少於 135°，腳面自然繃平，雙手在額前依次迎拍腳面，擊拍兩響。見轉身雙擺蓮。

5. 眼法

太極拳對眼法總的要求是：全神貫注、神態自然、勢動神隨。太極拳的眼神要隨動作而動，一般看前手、看上手、看前方，不同的動作有不同的視點，不可呆板，又曰「手領神隨」，可見眼神是隨動作變換視點的。但一般情況下眼神是先到的。

頭正眼神才能做到平視前方，太極拳的眼神「視物」不是「瞪眼」，不是「怒目」，而是精神內斂，即把目光放出去再收回來，注意藏神的巧用。

第三節　六十六式綜合太極拳套路呼吸

太極拳要求自然呼吸，提倡勻、靜、深、長的呼吸，主張用鼻呼吸。

具體如起勢：「起吸落呼於」；如攬雀尾：掤是吸、捋是吸、擠是呼、按是呼。拳論講「能呼吸而後能靈活」，還講「吸能擎得人起，呼亦能放得人出」。

第三章
六十六式綜合太極拳詳解

第一節　六十六式綜合太極拳
動作名稱順序

預備勢

第一段

1. 起勢
2. 右攬雀尾
3. 左單鞭
4. 左雲手
5. 左摟膝拗步
6. 手揮琵琶
7. 右撇身捶
8. 左進步搬攔捶
9. 左攬雀尾

第二段

10. 斜飛勢
11. 肘底捶
12. 倒捲肱
13. 轉身推掌

14. 提手上勢
15. 白鶴亮翅
16. 左摟膝拗步
17. 海底針
18. 閃通背
19. 回身白蛇吐信
20. 右進步搬攔捶
21. 上步右擠勢

第三段

22. 左下勢
23. 左右金雞獨立
24. 撤步右分腳
25. 上步左分腳
26. 摟膝打捶
27. 掩手肱捶
28. 小擒打
29. 如封似閉

第四段

30. 右單鞭
31. 右雲手
32. 撒步左高探馬
33. 左蹬腳
34. 左雙峰貫耳
35. 右蹬腳
36. 右雙峰貫耳
37. 左踢腳
38. 轉身右踹腳
39. 進步栽捶

第五段

40. 翻身二起腳
41. 左披身伏虎
42. 右披身伏虎
43. 野馬分鬃
44. 四角穿梭
45. 虛步壓掌
46. 左穿掌

第六段

47. 轉身單擺蓮
48. 左摟膝拗步

49. 摟膝指襠捶
50. 左撩右彈
51. 退步左擠勢
52. 轉身雀地龍
53. 左提膝托掌
54. 撒步攬雀尾

第七段

55. 左單鞭
56. 左下勢
57. 上步七星
58. 退步跨虎
59. 轉身雙擺蓮
60. 彎弓射虎
61. 左撇身捶
62. 撒步右高探馬
63. 退步右搬攔捶
64. 如封似閉
65. 十字手
66. 收勢

第二節　六十六式綜合太極拳詳解

預備勢

面向正南。兩腳併攏，鬆靜站立，身體中正，胸微內含；兩肩自然下垂，兩手輕放在大腿外側；領頭豎項，下頜微回收，目視前方。調整呼吸，將氣沉入丹田。（圖3-1）

【要領】

預備勢是練拳前的一項重要準備過程，對練好太極拳、對健身效果起著至關重要的作用，萬萬不可忽視。準備什麼呢？最少有四個方面需要調理。

第一，心態

首先要調整好心態，練拳時要心情舒暢，排除一切雜念，精神集中，面帶微笑，且似笑非笑。拳論講「提起全副精神」「精神能提得起，則無遲重之虞」。

第二，身型

圖3-1

中正站立，頭向上領，下頜微回收，頸椎自然豎直，沉肩垂肘，腋下微空，寬胸舒背，鬆腰鬆胯，提肛斂臀，舌抵上齶，氣下沉。

第三，放鬆

全身放鬆對於練好太極拳極其重要，我們這裏強調三個方面的放鬆，即大腦放鬆、肌肉放鬆、關節放鬆。

①**大腦放鬆**。排除一切雜念，心平氣和專心練拳。大腦放鬆是全身放鬆的關鍵，若大腦緊張，那麼談其他部位的放鬆則是一句空話。

②**肌肉放鬆**。全身肌肉都要盡可能地放鬆，肌肉好像要從骨骼上滑落下來一樣，有下垂之意，有人叫「肉脫」。氣下沉，肌肉才能放鬆。

③**關節放鬆**。全身各關節及骨骼都要放鬆，不應有拙僵之力存留。上身肩胛放鬆，肘關節放鬆下沉，胸部背部放鬆氣下沉，腰胯放鬆，臀部向回收斂，突出陽關穴。再向下放鬆到膝關節。膝關節是一個重要的關節，也是一個較難放鬆的關節，要慢慢體會。膝關節能鬆下去到腳掌，我們下肢就可以變化自如了。拳論講：「其根在腳，發於腿，主宰於腰，由腳而腿而腰，總須完整一氣。」還講：「有心練柔，無意成剛。」

第四，呼吸

太極拳要求拳式呼吸，也叫腹式呼吸，即呼吸深長匀細而自然，氣沉丹田。剛剛練習太極拳的同仁在初級階段要自然順暢地呼吸，千萬不可憋氣、努氣。拳論講：「丹田是塊長命寶，萬兩黃金不與人。」「能呼吸而後能靈活。」

以上四項是練好太極拳的關鍵，需要細細品味。習以為常後稍靜心一想，就能同時完成。

這四項要領要貫穿太極拳的始終，並且要納入到生活當中，這樣才能時時練功、刻刻養生，對強身健體、延年益壽會收到意想不到的效果。

預備勢雖然看起來比較簡單，但它是練好太極拳的開端。做好太極拳的準備工作，對練好整套太極拳及良好的健身效果都至關重要。

第一段

1. 起勢

動作一　開步站立

重心移向右腿，左腳向左橫開半步，與肩同寬，兩腳平行；目視前方。（圖 3-2）

動作二　兩臂平舉

兩臂輕輕上舉，與肩同寬，提至與肩同高，手心向下，指尖朝前。（圖 3-3）

圖 3-2

圖 3-3

圖 3-4　　　　　　　　　　　圖 3-4 附圖

動作三　屈膝按掌

兩腿屈膝下蹲；兩手輕輕下按，按至腹前；兩眼平視前方。（圖 3-4、圖 3-4 附圖）

【要領】

起勢有三動：開步，提臂，下按。

有兩個手法：提，按。

手法一提：由下向前、向上提起，意念在腕部，肩肘下沉，腰胯放鬆，吸氣。

手法二按：屈膝下按，意在手心，下按與屈膝下蹲要同時完成。要求沉肩垂肘，收胯斂臀，呼氣。

太極拳是意念活動，用意不用力，用其意不用其力。練拳時意念活動要貫穿拳的始終。

注意一：兩臂上舉的速度決定了整套拳的速度，練拳時速度要均勻，不可忽快忽慢。

注意二：屈膝下按時，屈膝下蹲的高度決定了整套拳（除個別動作）的高度。練拳者要根據自己的功力控制高度，不可強求。

【攻防應用】

①對方雙手正面按我胸部，我出雙手，迅速用腕部將對方雙臂挑起至其仰身跌倒。

②對方雙手正面按我胸部，我出雙手採按對方雙臂，使其前傾跌倒。

2. 右攬雀尾

動作一　轉體撇腳

向右轉體，左腿支撐體重，以右腳跟為軸右腳外撇45°，腳掌踏平；同時兩手向外微開；目視右手。（圖 3-5）

動作二　收腳合抱

重心移向右腿，左腳收至右腳內側；同時右手向上、左手向下畫弧，兩手心相對合抱於胸前，上手高至肩，下手在腹前；目視右手前方。（圖 3-6）

動作三　出步插臂

身體微向右轉，兩臂交叉微向裏合（蓄力）；左腳向前邁出一步，腳跟著地；目視右腕前方。（圖 3-7）

圖 3-5　　　　圖 3-6　　　　圖 3-7

動作四　左弓步掤

左腳踝關節放鬆，腳掌落地踏平，左腿屈膝前弓至腳尖，右腿蹬直成左弓步；同時左臂隨弓步前掤，前臂橫在胸前，手心向內，意在腕部外側，右手經左手腕脈搏處向下方採按至右胯前外側，手心向下，掌指斜向前；腰胯轉正，目視左腕前方。（圖3-8）

動作五　跟步合抱

重心前移至左腿，右腳向前跟至左腳內側；同時左臂內旋，掌心向下停於胸前，右臂外旋，掌心向上停於腹前，兩手心上下相對；目視左手前方。（圖3-9）

動作六　出步插臂

身體微向左轉；兩臂交叉微向裏合；右腳向右前方邁出一步，腳跟著地；目視左手。（圖3-10）

動作七　右弓步掤

右腳踝關節放鬆，腳掌落地踏平，右腿屈膝前弓至腳尖，左腿蹬直成右弓步；同時右臂隨弓步前掤，前臂橫在胸前，手心向內，意在腕部外側，左手經右手腕脈搏處向

圖3-8　　　　　　圖3-9　　　　　　圖3-10

圖 3-11　　　　　圖 3-12　　　　　圖 3-13

下方採按至左胯前外側，手心向下，掌指斜向前；腰胯轉正，目視右腕前方。（圖 3-11）

動作八　轉腰順掌

腰微向右轉；右臂內旋，掌心向下，掌隨前臂向斜上方伸展，腕部與肩同高，同時左手外旋，掌心向上停於右肘內側下方，兩掌心斜相對；目視右手前方。（圖 3-12）

動作九　回坐捋手

右腳蹬地，身體順勢回坐；兩手同時向左斜下方捋，右手至腹，左手至胯；目視前方。（圖 3-13）

動作十　轉腰甩臂

身體微向左轉；右手向下捋至腹前後，腕部上提至胸，手心向內，左手經左胯向左肩後 45° 方向甩出，左手腕與肩同高；目視左手方向。（圖 3-14）

動作十一　轉體搭臂

圖 3-14　　　　　向右轉體；右手向上提至胸前，

圖 3-15

圖 3-16

圖 3-17

左前臂回折，經耳門向前推按，左
手手心搭於右手脈搏處，兩手之間
相距約 10 公分；目視前方。（圖
3-15）

　　動作十二　　弓步前擠

　　重心前移，右腿屈膝前弓至腳
尖；兩手順勢前擠；左腳隨即向前

圖 3-18

跟半步至右腳後約 10 公分處；目視前方。（圖 3-16）

　　動作十三　　收手出步

　　兩手心反轉向下，左手由右手背上分開至與肩同寬；
重心回移至左腿；同時雙手屈肘回收，弧形下按於腹前；
右腳向前邁半步，腳跟著地；目視前方。（圖 3-17）

　　動作十四　　弓步按掌

　　右腳踝關節放鬆，腳掌踏平，鬆腰鬆胯，重心前移，
右腿屈膝前弓，左腿自然蹬直成右弓步；同時兩手由下向
前、向上、再向前雙按掌，掌心向前，掌指向上，高度至
食指與鼻尖平齊，兩手與肩同寬；目視前方。（圖 3-18）

【要領】

此動屬於太極拳中重要的四種手法：掤、捋、擠、按。在太極推手中的四正手正是採用了這四種手法，其應用變化無窮。拳論講：「掤、捋、擠、按出四手，須費功夫仔細求。」又講：「掤、捋、擠、按世間稀，十個藝人十不知。」都說的是它的難度。

掤：前腳踏平，五趾抓地，以腰帶動前臂掤出，膝關節前弓至腳尖，後腿蹬直。轉腰、掤臂、弓步同時完成。太極拳講上下相隨，周身協調一致。拳論講：「掤臂要圓撐。胸內含臂外撐，左右皆然。」

捋：兩手斜相對轉腰捋帶，彷彿我用上手握住對方的肘關節，下手握住對方的腕部向下捋帶後向後甩出。此動更強調意念的配合。

擠：擠手時產生三種力，一是捋帶後轉體搭臂而形成一合力；二是弓步前擠前腳掌蹬地時產生一個踩力；三是前擠時腰和手產生一個爭力。這種力量是巨大的。左手回折經耳門向前與右手在胸前相合，兩手不可搭死，相距約10公分，弓步同時前擠，擠到盡頭兩手也未搭上，還留有約2公分距離，如果搭死便產生了全身的不穩定。

按：意在掌根，要求沉肩墜肘，坐腕舒掌。拳論講：「按在腰攻。」向前推按時要弓腿、屈膝、長腰、展臂，節節貫穿，一氣呵成。

【攻防應用】

掤：掤架之意，屬於防護之手法，用前臂橫於胸前，攔擋住對方進攻。對方用雙手進攻我，我則用手掤住對方

來手，使之不能近身。「掤臂要圓撐，任人巨力攻」「牽動四兩撥千斤」。

捋：此順勢捋，妙就妙在可以由被動瞬間變為主動。例如，對方按我胸部時，我可用一手掤住對方之按力，將要貼身時，我瞬間轉腰反掌向側上方或下方或左右平捋，可順對方之來勢，與腳手相合成一個「爭力」從而將對方甩出。

擠：擠是壓力。如對方捋我時，我可以弓步打擠。擠有正擠，如擠壓對方胸部。左擠右擠，則可以採用裹帶的方法。擠一定要打在對方的中心上，使對方不能逃脫。

按：雙按掌。按有向下、向上、向前之意，走的是弧形。拳論講，如將物體掀起，應加以搓之之力。兩手按於對方胸部，先給以沉勁向下，對方錯以為我向下必將向上抵抗，我則順勢將力點變為掌根，後腳蹬地，以腰催肘、肘催腕，向上、向前將對方發出丈外。

3. 左單鞭

動作一　轉體扣腳

以腰為軸，向左轉體，重心移至左腿，右腳以腳跟為軸，腳尖裏扣；同時鬆腕，左手面前畫弧至左側方向，掌心向外，指尖與鼻尖平，右手下按，轉掌心向裏攔於腹前；目視左手方向。（圖 3-19）

圖 3-19

圖 3-20　　　　　　圖 3-21　　　　　　圖 3-22

動作二　丁步鉤手

右手繼續上提至肩；以腰為軸向右轉體；右手面前畫弧掤至右45°，轉掌心向外變鉤手，同時左手弧形下落，經腹前轉掌心向上，提至右肩內側；左腳回收至右腳內側，腳掌點地；目視右腕。（圖3-20）

動作三　出步掤手

向左轉體，左腳向左前方邁出一步，腳跟先著地；左手隨轉腰向左、向前至面前掤出；眼看左手。（圖3-21）

動作四　弓步按掌

左腳踏平，重心前移，左腿屈膝前弓，右腿自然蹬直成左弓步；同時，左手轉掌心向前、向下推按至胸前，食指尖與鼻尖同高，虎口對準身體中心，前手與鉤手夾角大於90°；眼看左手前方。（圖3-22）

【要領】

此動左手由掤變按，按掌要向前、向下按，不要只向前或只向下按，掌指向上，左膝、左肘相對，右手保持捏鉤狀，兩臂外展，要求坐腕舒掌，弓步和按掌要一氣呵成。

劉慶洲太極拳推手與66式綜合太極拳

050

【攻防應用】

①單鞭占胸膛，前手是向前、向下進攻對方胸部的手法。

②鈎手上提可以擊打對方下頜，鈎尖可以點啄對方雙眼或其他部位。去是切掌，回是鈎手，手不空去，手不空回，沒有不勝之理。

4. 左雲手

動作一　轉體扣腳

以腰為軸向右轉體，重心逐漸回移至右腿，左腳以腳跟為軸，腳尖順勢裏扣90°，腳尖向前；同時左手鬆腕下按，經腹前畫弧，逐漸轉掌心向裏、向上隨身體右轉提至右胯前；眼看右鈎手。（圖3-23）

動作二　向左雲手

右鈎手變掌下採，弧形下落至右胯旁；同時，左手向上提至眼眉的高度變掤手，手心向內；逐漸轉體至身體中心；眼隨左手移動。（圖3-24、圖3-25）

圖3-23　　　　　圖3-24　　　　　圖3-25

動作三　轉體雲手

以腰為軸，繼續向左轉體至體側；左掌逐漸變捋帶至體側，右手繼續攔掌至腹前；眼隨左手移動。（圖 3-26）

動作四　左雲併步

左手翻轉向外按掌，右手上提，兩手上下交替；同時右腳向左平移跟步收腳，兩腳相距 10～20 公分，腳尖向前；眼看上手。（圖 3-27）

動作五　向右雲手

以腰為軸，向右轉體；右掌上提至眼眉的高度變掤手，掌心向內，逐漸轉至身體中心，左手採、按至左胯旁；眼隨右手轉動。（圖 3-28）

圖 3-26　　　　　　　圖 3-27　　　　　　　圖 3-28

動作六　轉體雲手

以腰為軸，繼續向右轉體至體側；右掌變捋帶至體側，左手體前攔掌至腹前；眼隨右手移動。（圖 3-29）

動作七　右雲開步

右手翻掌下按，左手上提；兩手上下交替的同時，左腳平行向外橫開一步，腳尖向前；眼看上手。（圖3-30）

動作八　向左雲手

以腰為軸，向左轉體；左掌上提至眼眉的高度變掤手，掌心向內，逐漸轉至身體中心，右手採、按至右胯旁；眼隨左手移動。（圖3-31）

動作九、十

同動作三、四。（圖3-32、圖3-33）

圖 3-29　　　　　圖 3-30　　　　　圖 3-31

圖 3-32　　　　　圖 3-33

動作十一、十二、十三

同動作五、六、七。（圖 3-34～圖 3-36）

動作十四、十五、十六

同八、九、十。（圖 3-37～圖 3-39）

圖 3-34　　　　　圖 3-35　　　　　圖 3-36

圖 3-37　　　　　圖 3-38　　　　　圖 3-39

【要領】

雲手時以腰為軸，轉腰不轉胯，手隨腰動。身體中正，兩腳踏平，眼隨上手移動。注意雲手時手法——掤、挒帶、採、按、攔、提的變化及變化點。

【攻防應用】

雲手在太極拳中占有重要位置，有「攻在雲手」之說。雲手之手法是：上掤、下攔；上護面、下護襠，純屬防護手法，左右側反掌時又變為進攻手法。如向左雲手時，左手在上為掤手，當掌指超過自己中心後逐漸反轉掌心向外變捋帶，屬於由防守變進攻的手法，再向下變採，變按，後向右轉、掌心向裏變攔，再轉掌心向上變提，又屬於進攻手法，循環一周，如此反覆。

5. 左摟膝拗步

動作一 轉體提臂

右腳踏實，體重轉換為右腿承擔，左腳虛點於右腳內側，向右微轉體；右手下落，經胯旁向右後45°方向上提至肩的高度，手心向上，左手由面前向右攔掌至右肩下方；目視右手。（圖3-40）

圖 3-40

動作二 折臂出步

腰向左轉，左腳向前邁出一步，腳跟著地，頭部順勢左轉；右臂回折，右手虎口對右耳門，手心斜向下，同時左手下落至左膝內側，掌心向下，掌指向右；目視前方。（圖3-41）

動作三 摟膝推掌

左腳掌落平踏實，左腿屈膝前弓至

圖 3-41

圖 3-42

腳尖，右腿逐漸蹬直成左弓步；左手經左膝前上方畫一平圓至左膝外側 10 公分處，掌心向下，掌指向前，指尖與膝平齊，右手由耳門向前推按，食指尖與鼻尖等高，虎口對準身體中心；目視前方。（圖3-42）

【要領】

動作二「折臂出步」要求出步、折臂、扭頭、落手同時完成，動作三「摟膝推掌」要求摟膝、弓步、推掌要同時到位，不可弓完步再推掌，腳手分離。摟膝推掌時要求左腳踝關節放鬆，腳掌落平，右腿逐漸蹬直，催動身體重心前移，左腿屈膝前弓至腳尖，右手順勢由耳旁向胸前推按。右手從耳門向前推出時不可離耳門太遠，更不要從肩外推出，要走弧線，不可直出，要沉肩墜肘，塌腕舒掌，意在掌根。

【攻防應用】

此動為進攻手法，假設有人用腳或手襲擊我膝關節部位，我只須用同側手經膝關節前方摟開對方的手或腳，並隨即用另一隻手經耳門向前進擊對方的胸部。

6. 手揮琵琶

動作一　跟步鬆腕

右腳向前跟半步至左腳跟後方；雙手微鬆；目視前

手。（圖3-43）

動作二　蓄勢攔掌

重心回移至右腿，左腳隨即抬起，腳尖點地；左手由下向上、向前、向裏攔掌至胸前，手心斜向下，掌指斜向上，同時右手回收至左肘下方；目視左手。（圖3-44）

動作三　虛步合掌

左腳略向前落於腳尖處，腳跟著地成左虛步；雙肩下沉，掌指斜向上上向前裏合，左手在前在上，右手合於右肘內側下方；目視左手前方。（圖3-45）

圖3-43　　　　圖3-44　　　　圖3-45

【要領】

左腿左手在前與左肘、左膝相合，前膝微屈，右手掌停於左肘內側下方。雙手外掤裏合。兩肘要開，兩手要合，沉肩墜肘，含胸拔背，背要圓，胸要含，斂臀，中正安舒，領頭，目視左手前方。

【攻防應用】

此動屬於撅臂動作。設對方用右手進攻我胸部，我右手握其手腕，左手扶其肘部，左手向裏、右手向外合力撅

臂，對方必疼痛而跪地。

7. 右撇身捶

動作一　跟步藏拳

左腳外撇 45°，重心前移，身體左轉，左腿承擔體重，右腳向前跟至左腳內側，腳掌點地；左臂微折落於右肩前，右手握拳，拳眼向裏，收於腹前；目視前方。（圖3-46、圖 3-46 附圖）

動作二　弓步撇拳

向右轉體，右腳向右 45° 方向邁出一步成右弓步；同時右拳以肩為軸，由下向上（高於頭）、向右前下方撇出（掄砸），拳心向上，拳高於肩，左手向前、向下扶於右前臂上方；目視出拳方向。（圖 3-47）

圖 3-46　　　　圖 3-46 附圖　　　　圖 3-47

【要領】

太極拳有些術語是一種方言，如拳不叫拳而叫捶。太極拳有五捶之說，撇身捶是其一，還有搬攔捶、肘底捶、指襠捶、栽捶，各有其用。所謂撇身是向外的意思。

此動是以肩為軸,以腰帶肩、肩帶臂、臂帶拳,節節貫穿,進攻方位是斜前方。要求閃、打、弓步、轉身、撇拳同時完成。

【攻防應用】

五捶之一,進攻頭部的手法。設有人用拳打我頭部或太陽穴,我即向左閃身,頭向左扭,左手向上,掌心向外豎於右肩前以護面,躲過對方進攻之拳,隨即右手握拳,由腰帶動由下向左上(偏右)、向前甩臂擊打對方頭部或面部。

8. 左進步搬攔捶

動作一　虛步抹掌

重心回移至左腿,右腳尖上翹;左手順右前臂向前探掌至胸前,手心斜向下,右拳變掌下落於右胯旁,掌心向上;目視前方。(圖 3-48)

動作二　跟步握拳

圖 3-48

右腳外撇 45°,落平踏實,重心前移至右腿,身體微向右轉,左腳跟至右腳內側;左手向下,逐漸握拳收於腹前,拳眼向內,同時右前臂內旋,由下向右外側、向上畫弧停於胸前,掌心向下;目視前方。(圖 3-49)

動作三　撇腳搬拳

左腳微提,外撇 45°向前落步,腳跟

圖 3-49

著地；左前臂以肘為軸，拳背向外搬出，拳心向上，高度至胸，同時右手下按至右胯前，手心向下，掌指斜向前；目視左拳前方。（圖3-50）

動作四　上步攔掌

左腳落平踏實，重心前移，右腳經左腳內側向前邁出一步，腳跟著地；左拳內旋，由前微向外畫弧回帶，轉掌心向上收於腰間，右掌向右、向前上方、向左畫弧攔掌於胸前，掌心斜向下，掌指斜向左；目視前方。（圖3-51）

動作五　弓步衝拳

右腳落平踏實，右腿屈膝前弓至腳尖，左腿逐漸蹬直成右弓步；左拳內旋，從右掌下方前衝至胸前，拳眼向上，右掌回攔至左前臂內側；目視前方。（圖3-52）

圖3-50　　　　圖3-51　　　　圖3-52

【要領】

搬攔捶屬太極拳五捶之一。

動作三「撇腳搬拳」，左拳要以肘為軸，以腰帶肘、肘帶拳向外搬出，左腳外撇、左拳外搬、右手下按要同時完成。

動作四「上步攔掌」，攔掌是右掌由下向前、向上、向裏攔，手心斜向下，手指向前，快到盡頭時旋腕掌指斜向裏，要有摩擦力，前臂要轉動，要求上步與攔掌要同時完成。

動作五「弓步衝拳」，弓步與衝拳要完整一氣，衝拳是以腰催肘，以肘催拳，注意要用腰帶動。

正如拳論所講，以腳催腿，以腿催胯，以胯催腰，以腰催肘，以肘催拳，節節貫穿，完整一氣。

左進步搬攔捶是一個新動作，在傳統楊式拳中只有右進步搬攔捶，66 式增加了新的內容，增加了新的攻防應用和鍛鍊的全面性。對方用右手搬我用左手搬，反之亦然。

【攻防應用】

化打手法之一。設對方用左拳進擊我胸部，我左腳外撇，下踩對方之腳或小腿，同時左前臂以肘為軸，由上向下、向左外將對方來拳撥開下壓，使對方失中，我隨即上右步，而右手向裏攔掌控制對方左臂，再弓步衝左拳，進擊對方的胸部。

9. 左攬雀尾

動作一　變掌前探

重心回移至左腿，右腳尖上翹；左手拳變掌，略向前探，右手下落收於右胯旁，掌心向上；目視左手前方。（圖 3-53）

圖 3-53

圖 3-54

動作二　跟步抱掌

右腳踝關節放鬆，腳尖外撇45°，腳掌落平踏實，重心前移至右腿，身體微向右轉，左腳隨即跟至右腳內側；左手向下畫弧，轉掌心向上至腹前，右手前臂內旋，由下向右外側、向上畫弧抱於胸前，掌心向下，兩手心上下相對；目視前方。（圖 3-54）

動作三　出步插臂

身體微向右轉；兩臂交叉微向裏合；左腳向左前方邁出一步，腳跟著地；目視右手。（圖 3-55）

動作四　左弓步掤

左腳踝關節放鬆，腳掌落平踏實，左腿屈膝前弓，右腿蹬直成左弓步；同時，左臂隨弓步前掤，前臂橫在胸前，手心向內，意在腕部外側，右手經左手脈搏處向下方採按至右胯前外側，手心向下，指尖向前，腰胯轉正；目視前方。（圖 3-56）

圖 3-55

圖 3-56

動作五　轉腰順掌

腰微向左轉；左臂內旋，掌心向下，掌隨前臂向斜上方伸展，腕部與肩同高，同時右手外旋，轉掌心向上至左肘內側下方，兩掌心斜相對；目視左手前方。（圖 3-57）

圖 3-57

動作六　回坐捋手

左腳蹬地，身體順勢回坐；兩手同時向右斜下方捋，左手至腹，右手至胯；目視前方。（圖 3-58）

動作七　轉腰甩臂

身體微向右轉；左手向下捋至腹前後，腕部上提至胸，手心向內，右手經右胯向右肩後方甩出，右手腕與肩同高；目視右手方向。（圖 3-59）

動作八　轉體搭臂

向左轉體；左手向上提至胸前，右前臂回折，經耳門向前推按，右手手心搭於左手脈搏處，兩手之間相距約 10 公分；目視前方。（圖 3-60）

圖 3-58

圖 3-59

圖 3-60

動作九　弓步前擠

重心前移，左腿屈膝前弓至腳尖；兩手順勢前擠；右腳隨即向前跟半步，至左腳跟後約 10 公分處；目視前方。（圖 3-61）

動作十　收手出步

兩手心反轉向下，右手由左手背上分開至與肩同寬；重心回移至右腿；同時，雙手屈肘回收，弧形下按於腹前；左腳向前邁半步，腳跟著地；目視前方。（圖 3-62）

動作十一　弓步按掌

左腳踝關節放鬆，腳掌落實踏平，重心前移，左腿屈膝前弓，右腿蹬直成左弓步；同時，兩手由下向前、向上、再向前雙按掌，掌心向前，掌指向上，食指與鼻尖平齊，兩手與肩同寬；目視前方。（圖 3-63）

圖 3-61　　　　　　圖 3-62　　　　　　　圖 3-63

【要領】

與右攬雀尾相同，左右相反。

【攻防應用】

與右攬雀尾相同，左右相反。

第二段

10. 斜飛勢

動作一 轉體展臂

重心移至右腿，左腳順勢內扣；右手立掌向右橫展，身體隨即右轉90°；目視右手。（圖 3-64）

動作二 收腳抱掌

重心移至左腿，右腳回收至左腳

圖 3-64

內側，身體繼續右轉 45°；雙手抱掌於胸前，左手在上，右手在下，兩掌心上下相對；目視左手前方。（圖 3-65）

動作三 出步插臂

雙臂微合；右腳向右前方 15° 邁出一步，腳跟著地。（圖 3-66）

圖 3-65

圖 3-66

圖 3-67

動作四　弓步展臂

右腳落平踏實，右腿前弓至腳尖，左腿蹬直成右弓步，腰微向右轉；右臂向右上、左臂向左下展開，左手手心向下至左胯前，右手手心向上，略高於肩；目視右手前方。（圖3-67）

【要領】

斜飛勢屬於分靠手法。此動作近似野馬分鬃，但不論步幅還是兩手伸展都比野馬分鬃大而且更舒展。做此動作時，要求弓步與分展協調一致，身體不可歪斜，兩手不可大撇。

【攻防應用】

設對方用右手進攻我胸部，我左手按對方腕部，右腳向對方身後插去，右手隨即插入對方腋下，弓腿、轉腰、展臂，將對方分靠出去。

11. 肘底捶

動作一　轉體削掌

向左轉體，重心回移至左腿，右腳內扣；右手掌心斜向上、向左平削；目視右手前方。（圖3-68）

動作二　收腿抱掌

重心回移至右腿，左腳收於右腳內側；右手手心翻轉向下至胸前，左手手心翻轉向上至腹前，兩掌心上下相對

呈抱球狀；目視前方。（圖3-69）

　　動作三　擺腳分手

　　左腳向左前方擺腳上步，腳跟著地，腳尖外撇；同時，左手向左前上方分展，手心向上，食指與鼻平，右手下採於右胯旁，掌心向下；目視左手。（圖3-70）

　　動作四　弓步採掌

　　左腳掌向外落平踏實，上體微向左轉，左腿屈膝前弓，重心前移；左手轉掌心向下採至左胯前；目視前方。（圖3-71）

圖3-68

圖3-69

圖3-70

圖3-71

動作五　跟步捯掌

身體繼續前移，向左轉體，右腳跟至左腳後方，腳掌點地；同時，右手由下向前上方捯掌，掌心斜向下，掌指斜向前，食指與鼻平，左手繼續下按至左胯旁；目視右手。（圖 3-72）

動作六　切掌衝拳

重心回移，左腳微抬向前墊步，腳跟著地成左虛步；同時左前臂外旋，從腰間經右手向上方穿出，隨即左手內旋變切掌至胸前，右手下落於腰間，隨後逐漸變立拳，由腰間向前衝打至左肘下方；目視左手前方。（圖 3-73）

圖 3-72

圖 3-73

【要領】

肘底捶為太極拳五捶之一，原名「肘底看捶」。此動作雖名曰肘底捶，但手法較為複雜，比如收腿抱掌、擺腳分手、弓步採掌、跟步捯掌、切掌衝拳，均要把手法充分表現清楚、準確並同時到位，這要堅持多次演練才可達到。

【攻防應用】

重點講講動作二「收腿抱掌」。抱掌屬「母手」，由它可以變化出很多種手法，如野馬分鬃、白鶴亮翅、攬雀尾、玉女穿梭、斜飛勢等。我們可以由這些手法的變化進攻或防衛，如肘底捶收腿抱掌後再往下分手時，左手握住對方進攻之手腕，隨重心前移向下採按使對方身體傾斜，隨即跟步，右手由下向前上方捌掌進擊對方面部或耳門。對方還手，我隨即由掌變擒，握住對方腕部並向斜下方拽帶，另一隻手由下向上用掌指穿插對方面部或眼睛。對方躲閃，我則順勢變撲面切掌，再次進攻對方面部或胸部，並用右拳捶擊對方之軟肋。

12. 倒捲肱

動作一　轉體提臂

上體微向右轉；右拳變掌，逐漸下落，經右胯轉掌心向上、向後 45°方向上提至肩的高度，左掌在體前翻轉掌心向上；頭向右轉 90°；目視右手方向。（圖 3-74）

圖 3-74

動作二　折臂撤步

上體微向左轉，左腳後撤一大步，腳掌著地，頭部順勢左轉，面向前方；右臂回折，右手虎口對右耳門，指尖向前，掌心斜向下；目視左手前方。（圖 3-75）

動作三　虛步推掌

左腳尖外撇 45°，重心後移，左腳落平踏實，右腳以前腳掌為軸將腳蹬正，腳尖向前成右虛步；同時，右手經左手上方前推至極點，掌心向前，指尖向上，高與鼻平，左手回撤至腹前；目視右手前方。（圖 3-76）

圖 3-75　　　　　　　　圖 3-76

動作四　轉體提臂

向左轉體，頭向左後轉 90°；左手放鬆下落，向左後 45°方向畫弧上提至肩的高度，掌心向上，右手翻轉掌心向上，指尖向前，與肩同高；目視左手方向。（圖 3-77）

動作五　折臂撤步

上體微向右轉，右腳後撤一大步，腳掌著地，頭部順勢右轉，面向前方；左臂回折，左手虎口對左耳門，指尖向前，掌心斜向下；目視右手前方。（圖 3-78）

圖 3-77

圖 3-78

動作六　虛步推掌

右腳尖外撇 45°，重心後移，右腳落平踏實，左腳以前腳掌為軸將腳蹬正，腳尖向前成左虛步；同時，左手經右手上方前推至極點，掌心向前，指尖向上，高與鼻平，右手回撤至腹前；目視左手前方。（圖 3-79）

動作七　轉體提臂

向右轉體，頭向右後轉 90°；右手放鬆下落，向右後45°方向畫弧上提至肩的高度，掌心向上，左手翻轉，掌心向上，指尖向前，與肩同高；目視右手方向。（圖 3-80）

圖 3-79

圖 3-80

動作八、九

同動作二、三。（圖 3-81、圖 3-82）

圖 3-81

圖 3-82

【要領】

倒捲肱原名倒攆猴，係倒退中的進攻。拳術中有前進有後退，有向左有向右，有向斜前有向斜後，叫拳有八方才算完整無缺。後退時步幅要適中，不可過大亦不可過小，不可過寬也不可過窄，保持身體穩定為宜。腳向後撤落地與手臂回折至耳門要同時到位，重心回移、前腳蹬地與後手前推、前手回撤要完整一氣。前腳蹬地，頭上領，兩手要有相爭之力。前手立掌前推要塌腕舒掌，身體中正，重心在後腿成虛步，眼神盯住前手。

【攻防應用】

拳論講「攻在雲手」「退在捲肱」。倒捲肱屬於倒退中進攻、敗中取勝的手法。設對方握住我的左手腕，我則在撤左腿同時，重心後移右腳蹬地，左手回撤，使對方靠近我，而我右手從耳門向前推出，進擊對方胸部或面部，造成兩手奪力、腳手爭力狀態。

13. 轉身推掌

（1）右轉身（左）推掌

動作一　撤腳提臂

向右轉體，右腳後撤至左腳後方 10 公分處，腳掌點地；左臂向前上方提至肩的高度，手心向上，右手回折至肩前，手心向下；目視左手前方。（圖 3-83）

圖 3-83

動作二　折臂出步

重心移至右腿，向右轉體，左腳裏扣，雙膝內合；左臂回折至耳門；同時右腳向西南方向邁出一步，腳跟著地；右手下落至左胯前；目視右腳邁出方向。（圖 3-84、圖 3-85）

圖 3-84

圖 3-85

圖 3-86

動作三　跟步推掌

重心前移，右腿前弓；右手膝前畫一平圓至右膝外側，掌心向下，指尖向前，左手向西南方向推出，掌心向前，掌指向上；推掌的同時，左腳向前跟半步至右腳跟後方約 10 公分處，腳掌著地；目視左手。（圖 3-86）

（2）左轉身（右）推掌

動作四　提臂扣腳

向左轉體，重心移至左腿，右腳裏扣，雙膝內合；右臂上提至齊肩高，手心向上，左手回折至右肩前，手心向下；目視右手。（圖 3-87）

動作五　折臂出步

右臂回折至耳門，左手下落至右胯前；同時，身體左轉，左腳向左前方邁出一步，腳跟著地；目視左腳邁出方向。（圖 3-88）

圖 3-87

圖 3-88

動作六　跟步推掌

重心前移，左腿前弓；左手在膝前畫一平圓至左膝外側，掌心向下，指尖向前，右手向西北方向推出，掌心向前，指尖向上；推掌的同時，右腳向前跟半步至左腳跟後方約 10 公分處，腳掌著地；目視右手。（圖 3-89）

圖 3-89

（3）右轉身（左）推掌

動作七　提臂扣腳

向右轉體，重心移至右腿，左腳裏扣；左臂上提至齊肩高，手心向上，右手回折至左肩前，手心向下；目視左手。（圖 3-90）

動作八　折臂出步

左臂回折至耳門，右手下落至左胯前；同時右轉，右腳向右前方邁出一步，腳跟著地；目視右腳方向。（圖 3-91）

圖 3-90

圖 3-91

<table>
<tr><td>圖 3-92</td><td>圖 3-93</td><td>圖 3-94</td></tr>
</table>

動作九　跟步推掌

重心前移，右腿前弓；右手膝前畫一平圓至右膝外側，掌心向下，指尖向前，左手向西南方向推出，掌心向前，掌指向上；推掌的同時，左腳向前跟半步至右腳跟後方約 10 公分處，腳掌著地；目視左手。（圖 3-92）

【要領】

手法完全與摟膝拗步一樣，所不同的是推掌後後腳跟進半步成後丁步，且進攻的方位是橫向位置。這也和孫式太極拳講的逢進必跟相符。

14. 提手上勢

動作一　左腿後撤

左腿向後撤半步，腳掌點地。（圖 3-93）

動作二　蓄勢攔掌

重心回移至左腿，右腳隨即抬起，腳尖點地；右手由下向前、向上、向裏攔至胸前，手心斜向下，掌指斜向上，左手回攔於右肘下方；眼看右手。（圖 3-94）

圖 3-95　　　　　　　　圖 3-96　　　　　　　　圖 3-97

動作三　虛步合掌

右腳略向前，落於腳尖處，腳跟點地成右虛步；雙肩下沉，掌指斜向上，向前裏合，右手在前、在上，左手合於右肘內側下方；目視右手前方。（圖 3-95）

【要領】

請參看第六式手揮琵琶。

【攻防應用】

請參看第六式手揮琵琶。

15. 白鶴亮翅

動作一　轉腰捋掌

向左轉體，右腳裏扣；兩手相對，向左斜下方捋至腹前；目視前方。（圖 3-96）

動作二　撤步抱掌

重心在左腿，身體繼續左轉，右腳抬起，落於左腳跟斜後方，腳掌點地；雙手合抱於胸前，左手在上，手心向下，右手在下，掌心向上；目視前方。（圖 3-97）

動作三　向右轉體

重心移至右腿，身體向右轉45°；右腕上提至肩的高度，左手扶於右手腕部；目視右手腕部。（圖3-98）

動作四　虛步展臂

左手胸前下採至左胯旁，指尖向前，右手上展至頭的高度，手心對太陽穴；左腳前點，腳掌點地成左虛步；目視前方。（圖3-99、圖3-99附圖）

圖3-98　　　　　　　　圖3-99　　　　　　　　圖3-99附圖

【要領】

動作四「虛步展臂」，兩手左下右上分開，兩臂要圓，意在右手腕部，右手有上挑、上撐之意；下手是採手。重心在後腿，左腳在前，腳掌點地，膝關節要微屈，收胯斂臀，身體中正安舒，肩肘下沉，含胸拔背，目視前方。

【攻防應用】

設對方雙手向我撲來，我則雙手從下向其兩手當中穿出，隨即左腳前點，左手向下採對方腕部，右手向上、向外撐架對方腕部，將其上下手分開，亮出對方胸部或襠部任我進擊。

16. 左摟膝拗步

動作一　轉腰擺臂

腰略向左轉，帶動右手擺至
胸前，手心斜向上；目視右手。
（圖 3-100）

圖 3-100

動作二　收腳提臂

身體右轉；右手下落，經胯向後 45°方向上提至肩的
高度，手心向上，左手由下向上經面前攔至右肩下方；同
時，左腳收至右腳內側，腳掌點地；目視右手方向。（圖
3-101）

動作三　折臂出步

腰向左轉，左腳向前邁出一步，腳跟著地，頭部順勢
左轉；右臂回折，右手虎口對右耳門，手心斜向下，同時
左手下落至左膝內側，掌心向下；目視前方。（圖 3-102）

圖 3-101

圖 3-102

動作四 摟膝推掌

左腳踝關節放鬆，腳掌落平踏實，左腿屈膝前弓至腳尖，右腿逐漸蹬直成左弓步；左手向前經左膝蓋前上方畫一平圓至左膝外側，掌心向下，掌指向前，與膝平齊，右手由耳門向胸前推按，食指高度與鼻尖平齊，虎口對準身體中心；目視前方。（圖 3-103）

動作五 同左摟膝拗步。

【要領】

同「左摟膝拗步」。

【攻防應用】

同「左摟膝拗步」。

17. 海底針

動作一 跟步鬆手

重心前移，右腳向前跟半步至左腳斜後方 10 公分處，腳尖點地；前手微鬆；目視前方。（圖 3-104）

圖 3-103

圖 3-104

動作二　坐腿提手

重心移至右腿，腰略向右轉；左手隨腰向前、向右攔至左膝內側，右手由前向下經右肋向上提至耳門，掌指斜向下；目視前方。（圖 3-105）

動作三　虛步插掌

身體轉正，左腳前邁，腳掌點地成左虛步；左手隨轉體於左膝前畫一平圓至左膝外側，掌心向下，指尖向前，右手五指併攏伸直向前下方插去，身體前傾 30°，右臂與地面夾角成 45°；目視前下方。（圖 3-106）

【要領】

此動作向前俯身 30°，用掌指下插，臂與地面夾角 45° 成左虛步。身體不可過於前傾，更不可後仰；不可低頭貓腰，要屈膝下蹲。掌前下插時要順耳門向前下方插去，掌指要併攏伸直，不可散開或彎曲，意在指尖，目視前下方。

【攻防應用】

設對方用右腳踢我腹部，我則用左手摟開對方之腳，

圖 3-105

圖 3-106

隨即用右掌向其襠部插去。襠部是男子最薄弱之處,可以致命,要慎用。

18. 閃通背

動作一　起身提臂

身體立直;右臂上提至肩的高度,虎口向上,左手扶於右前臂;眼看前手。(圖 3-107)

動作二　出步旋腕

左腳向前邁半步;右手腕外旋,轉掌心向外、虎口向下,左手前推至右腕部。(圖 3-108)

動作三　弓步架推

重心前移,左腿屈膝前弓至腳尖,右腿逐漸蹬直成左弓步;同時,左手立掌前推至胸前;右手後拉架於頭的後上方,掌心斜向上;目視前方。(圖 3-109)

【要領】

動作三「弓步架推」,右手由下插變上提,左手順右前臂向前推出,掌心向前,掌指向上。右手向後、向上撐

圖 3-107　　　　　圖 3-108　　　　　圖 3-109

架於頭部後上方，掌心斜向上。臂要撐圓，要正胯順肩，身體中正安舒。

【攻防應用】

①設我下插對方之襠部，對方用右手攫住我之右腕，我則起身上引向後回捯，隨用左手虎口順我之右臂下方向前推開對方之手，或順勢向前進擊對方之軟肋部位。

②設對方用拳向我頭部打來，我則出左步，右臂上提，隨之反掌心向上握住對方之腕向回拉，隨即左手順右臂向前進擊對方之軟肋，上拉下擊成左弓步進攻勢。

19. 回身白蛇吐信

動作一　回坐轉體

重心後移，身體右轉90°，左腳隨勢內扣；左手向上至頭的上方，掌心向前，掌指向右，右手隨轉體向右後方下落至肩的高度，手心斜向下；目視右手方向。（圖3-110）

圖 3-110

圖 3-111

動作二　收腳收拳

身體繼續右轉45°，重心回移至左腿，右腳順勢回撤至左腿內側；同時，右掌變拳回收至左胯前，拳心向下，左前臂回折至右肩旁，掌心斜向下；目視前方。（圖 3-111）

動作三　出步撇拳

身體轉正，右腳向前邁出一步，重心前移；右拳隨轉體順勢向前方撇出，拳心向上，左手向下扶於右前臂內側；目視前方。（圖 3-112）

動作四　弓步切掌

身體重心繼續前移，右腿前弓成右弓步；同時，左手向前推出，右拳與左掌對拉回收至腰際；目視左手前方。（圖 3-113）

圖 3-112

圖 3-113

動作五　回坐攔掌

重心回移至左腿，右腳跟點地；左手順勢回攔至胸前，掌指向右；目視前方。（圖 3-114）

動作六　墊步衝拳

右腳微抬，腳尖落於腳跟處，腳尖點地成右虛步；右拳從腰際向前上方衝出，拳眼向上，同時左手回收扶於右前臂內側；目視右拳前方。（圖 3-115）

圖 3-114

圖 3-115

【要領】

出步撇拳、弓步切掌、墊步衝拳要連貫，周身合一，上下相隨，做到領頭豎項，身體中正，肩肘下沉，收胯斂臀，氣沉丹田。

【攻防應用】

①設對方從我身後打來，我急回身，先去一掌將對手攔開，對方再次向我頭部打來，我順勢閃身向左扭頭，左手下落掩面，右手藏拳，隨即右腳前邁，右拳從下向左、向上、向右撇出打擊對方頭部；對方向後躲閃，我則再向前弓步，左手向對方面部切掌。

②設我打撇身捶，對方躲過，握住我之右腕，我則重心回移，用右手沉肩墜肘回拉，隨即用左掌向上橫切對方頸部；對方又握住我左手，我則重心回移，左手回收，右腳回撤成左虛步，腳尖點地，右拳從右腰際向前上方衝擊對方胸部或下頜。

20. 右進步搬攔捶

動作一　收腳收拳

身體微向左轉，重心在左腿，右腳順勢回收至左腳內側，腳尖點地；左掌向下、向左、向上畫弧至胸前，掌心向下，右拳回收於腹前，拳心向下；目視前方。（圖3-116）

動作二　撇腳搬拳

右腳微提，外撇45°向前落步，腳跟著地；右前臂以肘為軸，拳背向外搬出，拳心向上，高度至胸，同時左手下按至左胯前，手心向下，掌指斜向前；目視右拳前方。（圖3-117）

圖 3-116

圖 3-117

動作三　上步攔掌

右腳踏實，重心前移，左腳經右腳內側向前邁出一步，腳跟著地；右拳內旋，由前微向外畫弧回帶，轉掌心向上收於腰間，同時左掌向左、向前上方、向右畫弧攔掌於胸前，手心斜向下，掌指斜向右；目視前方。（圖 3-118）

動作四　弓步衝拳

左腳落平踏實，左腿前弓至腳尖，右腿逐漸蹬直成左弓步；右拳內旋，從左掌下方向前衝出至胸前，拳眼向上，左掌回攔於右前臂內側；目視前方。（圖 3-119）

圖 3-118

圖 3-119

【要領】

同「左進步搬攔捶」，左右相反。

【攻防應用】

同「左進步搬攔捶」，左右相反。

圖 3-120

21. 上步右擠勢

動作一　回坐分手

身體微向左轉，重心回移至右腿，左腳尖上翹；右拳變掌向前推出，左手回撤至胯旁，手心向上；目視右手前方。（圖 3-120）

動作二　跟步抱掌

左腳外撇45°，重心前移至左腿，右腳跟至左腳內側，腳尖點地；同時，左手由下向左、向上、向裏畫弧停在胸前，掌心向下，右手向下回收，掌心向上停於腹前，兩掌心上下相對。（圖 3-121）

動作三　弓步前擠

右腳向前邁出一步；右手前掤至胸前，左手前擠搭於右腕；右腿前弓；目視前方。（圖 3-122）

圖 3-121

圖 3-122

動作四 回坐掤手

重心回移至左腿；右手臂外旋，呈掌心向上，身體右轉，左手扶於右手腕部，並隨右手外展雲掤。（圖 3-123）

動作五 轉體扣腳

身體左轉，右腳隨即裏扣，腳尖向南；右前臂繼續外旋，轉掌指向上、掌心向前停於肩前，左手仍扶於右手腕部；目視前方。（圖 3-124）

動作六 弓步按掌

重心前移至右腿成弓步；左手扶於右腕，隨右掌按出；目視右手前方。（圖 3-125）

圖 3-123　　　　　　圖 3-124　　　　　　圖 3-125

【要領】

此動作屬於吳式太極拳之攬雀尾。上步、弓步，變擠，身體不可前傾，弓步與擠要同時完成，回掤與轉腰要協調一致，轉腰與扣腳、旋腕、推掌完整連貫。

第三段

22. 左下勢

動作一　鈎手跟步

右手掌變鈎手；左腳隨即向前跟至右腳內側，腳掌點地；目視右手方向。（圖 3-126）

動作二　撤步下按

左腳後撤一步成右弓步；左手下落至右肘斜下方，手心斜向下；目視右手前方。（圖 3-127）

動作三　仆步穿掌

右腿屈膝下蹲，膝蓋對腳尖，左腿伸直鋪平，上體左轉呈左仆步；左手下按至小腹後變穿掌，沿左腿內側向前穿至左腳面；眼看左手前方。（圖 3-128）

【要領】

動作二「撤步下按」，撤步腿前腳尖應對下蹲腿後腳

圖 3-126　　　圖 3-127　　　圖 3-128

跟部。兩腳寬度不可過窄，過窄則站不穩，也不可過寬，過寬前穿和起身的方位不在前方則成側前方。仆步時身體不要太前俯，屈蹲之腿應全蹲，要保持身體中正。穿掌之手順大腿內側向下、向前穿至腳面。

【攻防應用】

設對方進擊我頭部，我則俯身向下閃過對方進攻，穿掌進攻對方下路（男子的要害部位襠部）。

23. 左右金雞獨立

動作一　弓步挑掌

重心前移，左腳尖外撇 90°，右腳尖裏扣，左腿屈膝前弓成左弓步；左手指尖向前、向上挑掌，右鈎手內旋，指尖向上停於胯後；眼看左手前方。（圖 3-129）

圖 3-129

動作二　左獨立挑掌

左腳尖外撇，重心前移；左手下採按在胯旁，手心向下，掌指向前，同時右鈎手變掌，由後向面前上方挑成立掌，掌心向左，掌指向上，高與鼻平；右腿隨即上提，小腿回收，腳尖下垂，膝肘相對；目視前方。（圖 3-130）

圖 3-130

動作三　擺腳下落

重心下移，右腳向前落步，腳尖外擺45°。（圖3-131）

動作四　右獨立挑掌

重心前移，右腳蹬地；右手下採按在胯旁，手心向下，掌指向前，同時左手順胯向面前上方挑成立掌，掌心向右，掌指向上，高與鼻平；左腿隨即上提，小腿回收，腳尖下垂，膝肘相對；目視前方。（圖3-132）

圖 3-131　　　　　　　　圖 3-132

【要領】

「左下勢」屬於穿掌，「左右金雞獨立」屬於挑掌，前面用穿隨即用挑，都屬於進攻手法。提膝、挑掌要同時完成，用腰引領保持協調一致。挑掌要坐腕，指尖向上挑，要求五指併攏伸直，身體中正，領頭豎項。

【攻防應用】

①設對方用右拳向我胸部打來，我用左手向下採對方之腕部，隨即用右掌向前上方挑穿對方之胸部或喉部，同時用膝頂對方小腹或襠部。上挑喉，下進襠，進攻的都是

人的要害部位。左右相同。

②設左右金雞獨立，提膝挑掌，上有掌，下有膝，上手挑掌，下邊膝頂。左右進擊很是兇猛。拳術語：「遠了拳打腳踢，近了用肘膝。」

24. 撤步右分腳

動作一　撤步探掌

左腳向後撤半步；右手向前，向上方推出，掌心斜向前，掌指斜向上，左手回撤至腰際，手心向上；目視右手前方。（圖3-133）

動作二　提膝抱掌

重心回移至左腿，並逐漸獨立承擔體重，右腿提膝，小腿回收，腳尖下垂；同時，左手從腰際向下、向左、向上畫弧至胸前，右手向下、向左畫弧，與左手腕部交叉成十字手抱於胸前，雙掌手心向內，左手在裏，右手在外；目視右前方。（圖3-134）

圖 3-133

圖 3-134

圖 3-135

動作三　分手分腳

雙腕同時外旋，轉掌心向外，右手向體前、左手向體側對拉分開，掌心向外，掌指向上，腕部與肩同高；同時，右腳向右前方伸展，腳面繃平，腳尖與右手同一方向；目視右手前方。（圖 3-135）

【要領】

「撤步右分腳」是太極拳的一個新動作，一般採用上步分腳或轉身分腳，撤半步分腳做起來很是新穎。

撤步、探掌要一致；提膝、抱掌要合一；翻掌分手與分腳要同時。分腳獨立之腿不可過屈，要穩，身體要中正，不可歪斜。分手分腳要求左右手對拉分開且有外撐之意，分腳腳面要繃平，腳尖高度過腰，力在腳尖。肩肘下沉，兩手外撐，掌心向外，掌指向上，兩臂自然微屈。

【攻防應用】

設對方進擊我面部，我撤步並用右手推開，隨即雙手護面後用掌撥開對方，再用右腳尖進擊對方胸部或肋部。

25. 上步左分腳

動作一　落腳穿掌

右小腿回收，右腳在右前方下落；同時，左手下落，經腰際轉掌心向上、向前穿搭於右手腕部上方，成陰陽十字手；目視雙手前方。（圖 3-136）

圖 3-136　　　　　　圖 3-137　　　　　　圖 3-138

動作二　弓步分手

重心逐漸前移至右腿；左手轉掌心向外，掌指斜向上，兩手向兩側分開，腕部與肩同高；目視左手前方。（圖 3-137）

動作三　提膝抱掌

由右腿逐漸獨立承擔體重，左膝上提，小腿回收，腳尖下垂；同時，兩手弧形下落，經腹前向上合抱，雙手掌心向內，右手在裏，左手在外，腕部交叉成十字手停於胸前；目視左前方。（圖 3-138）

動作四　分手分腳

雙腕同時外旋，轉掌心向外，左手向體前，右手向體側，同時對拉分開，掌心向外，掌指向上，腕部與肩同高；同時，左腿向左前方伸展，腳面繃平，腳尖與左手同一方向；目視左手前方。（圖 3-139）

圖 3-139

【要領】

同「撤步右分腳」。

【攻防應用】

撤步右分腳、上步左分腳，連續兩次左右用腳尖進攻對方，先撤後進很是厲害。

26. 摟膝打捶

圖 3-140

圖 3-141

動作一　落腳握拳

左小腿回收，左腳向前方下落，腳跟點地，腰向右轉；左手隨轉腰向右攔至胸前，手心斜向下，右手握拳向下收於右腰際，拳心向上；目視前方。（圖 3-140）

動作二　摟膝打捶

逐漸向左轉腰，重心前移，左腿屈膝前弓成左弓步；左手向下、向左，於左膝前上方畫一平圓至左膝外側 10 公分處，掌心向下，掌指向前，同時右拳從腰際向前打出，拳眼向上，高度低於小腹；目視出拳方向。（圖 3-141）

【要領】

動作一「落腳握拳」落步要輕盈，隨即以腰帶左臂攔於胸前，右拳收於腰際，做好隨時打拳的準備。「摟膝打捶」，力點在拳面。

【攻防應用】

此動作選自楊式太極拳，原名「指襠捶」，後改名「打捶」。前兩個動作用腳進攻，隨即用捶進擊襠部，真可謂進上即進下，進左即進右。

27. 掩手肱捶

動作一　馬步收拳

重心回移，身體右轉，左腳順勢內扣成馬步；右拳隨轉體回拉於腹前，拳心向下，拳眼斜向內，左掌隨轉體向上托起至頭頂上方；目視前方。（圖 3-142）

動作二　馬步壓拳

左掌下按（蓋）至右拳上方；同時兩腿屈膝；目視前方。（圖 3-143）

動作三　馬步分掌

右拳變掌，兩掌向身體兩側分開，掌心斜向外，兩腕與肩同高。（圖 3-144）

圖 3-142　　　　　圖 3-143　　　　　圖 3-144

圖 3-145

圖 3-146

動作四　馬步托掌

左掌外旋下落合於胸前，掌心向上，掌指向右，右手外旋，體前變拳，拳心向上停於左掌上方，蓄勢待發。（圖 3-145）

動作五　弓步衝拳

以腰為軸，右腳後蹬，向左轉體，左腳隨發力擰轉成左弓步；右拳內旋，隨轉腰順勢向左前方急促衝出，拳心向下，左肘回拉扶於左小腹；目視出拳方向。（圖 3-146）

【要領】

蓄勢衝拳時，胸要微含，兩臂屈肘，鬆腰沉胯，形成周身完整的合力。衝拳時通過肩，上臂、前臂迅速到達拳面，產生制動，出拳要快並帶有彈勁。

【攻防應用】

此動作屬於陳式太極拳發拳進攻的方法。拳要彈抖而出，進攻力很強，也很兇猛。

28. 小擒打

動作一　跟步攔掌

右手拳變掌向前方攔去，高度齊胸，掌心斜向下，掌指斜向左，手隨腰動；右腳順勢向前跟進至左腳後方；目視前方。（圖 3-147）

圖 3-147　　　　　　　圖 3-148　　　　　　　圖 3-149

動作二　上步攔擒

身體重心移至右腿；左手向外、向前攔掌至胸前，隨即握拳為擒，右手順勢回撤變拳至腰間；同時左腳隨轉腰向前墊半步；目視前方。（圖 3-148）

動作三　活步擒打

重心前移，左腿前弓；左拳擒住向內回帶至胸前，拳心向下，拳眼斜向內，右拳前衝出，至左腕上方成十字拳，拳眼向上；隨即右腳向前跟半步，落於左腳後方；目視前方。（圖 3-149）

【要領】

此動作兩個跟半步，一個出半步。第一個跟步是攔，第一個出步是擒，第二個跟步是打。無論是攔、擒還是打，都要以腰為軸，攔要有攔的意思，擒要有擒的意念，打要打得狠。

【攻防應用】

小擒打屬於陳式太極拳動作。先擒後打，握拳為擒，

出拳為打，再加上活步進攻，攻防嚴謹，使對方很難招架。

29. 如封似閉

動作一　收掌出步

重心回移至右腿；兩拳變掌，兩手分開，掌心向上，與肩同寬，旋腕回收至腹前，掌心斜向前；同時左腳向前邁半步，腳跟著地；眼看前方。（圖 3-150）

動作二　弓步按掌

左腳踝關節放鬆，腳掌落平踏實，左腿屈膝前弓至腳尖，右腳蹬直成左弓步；同時，兩掌掌心向前、向上推按至肩的高度；目視兩手前方。（圖 3-151）

圖 3-150

圖 3-151

【要領】

「如封似閉」屬於楊式太極拳動作，但進行了改進，加上了活步，使人感覺新穎且靈活。

動作一「收掌出步」，收掌要用腰帶動，收手、回坐要同步。弓步、按掌注意要沉肩垂肘，塌腕舒掌，用腰催肘、肘催腕向前推出。

【攻防應用】

「如封似閉」屬於先防守後進攻的動作，兩拳變掌，順勢回帶引對方腕部，再旋腕，使對方失中，我再趁勢向前發放，沒有不奏效的。

30. 右單鞭

動作一　轉體扣腳

以腰為軸，向右轉體，重心移至右腿，左腳以腳跟為軸腳尖裏扣；同時鬆腕，右手外旋，面前畫弧至右側方向，掌心向外，指尖與鼻尖同高，左手下按，轉掌心向裏攔於腹前；目視右手方向。（圖3-152）

圖3-152

動作二　丁步鈎手

左手繼續上提至肩，以腰為軸向左轉體，左手面前畫弧掤至左45°，轉掌心向外變鈎手，同時右手弧形下落經腹前轉掌心向上，提至左肩內側；右腳回收至左腳內側，腳掌點地；視線隨左手移動。（圖3-153）

圖3-153

動作三　出步掤手

向右轉體，右腳向右前方邁出一步，腳跟先著地；右手隨轉腰向右、向前至面前掤出；眼看右手。（圖3-154）

動作四　弓步按掌

右腳踏平，重心前移，右腿屈膝前弓至腳尖，左腿自然蹬直成右弓步；同時，右手轉掌心向前、向下推按至胸前，食指尖與鼻同高，虎口對準身體中心，前手與鈎手夾角大於 90°；眼看右手前方。（圖 3-155）

圖 3-154　　　　　　　　　圖 3-155

【要領】

此動作在傳統套路中很少出現，左手捏鈎更是沒有。綜合太極拳的創新使肢體鍛鍊更加全面。具體要領參看「左單鞭」，左變右即可。

【攻防應用】

同「左單鞭」左右相反。

31. 右雲手

動作一　轉體扣腳

以腰為軸向左轉體，重
心逐漸回移至左腿，右腳以
腳跟為軸，腳尖順勢裏扣
90°，腳尖向前；同時，右
手鬆腕下按，經腹前畫弧，

圖 3-156

逐漸轉掌心向裏、向上，隨身體左轉提至左胯前；眼看左
鈎手。（圖 3-156）

動作二　向右雲手

左鈎手變掌下按，弧形下落至左胯旁，同時右手上提
至眼眉的高度變掤手，手心向內；逐漸轉體至身體中心，
重心隨轉體移動；眼隨右手移動。（圖 3-157）

動作三　轉體雲手

以腰為軸，繼續向右轉體至體側；右掌逐漸變将帶至
體側，左手繼續攔掌至腹前；眼隨右手移動。（圖 3-158）

圖 3-157

圖 3-158

動作四　右雲併步

右手翻轉向外按掌，左手上提；兩手上下交替的同時，左腳向右平移跟步收腳，兩腳相距 10～20 公分，腳尖向前；眼看上手。（圖 3-159）

動作五　向左雲手

以腰為軸，向左轉體；左掌上提至眼眉的高度變掤手，掌心向內，再逐漸轉至身體中心，右手採、按至左胯旁；眼隨左手移動。（圖 3-160）

圖 3-159

圖 3-160

動作六　轉體雲手

以腰為軸，繼續向左轉體至體側，左掌逐漸變捋帶至體側，右手體前攔掌至腹前；眼隨左手移動。（圖 3-161）

動作七　左雲開步

左手翻掌下按，右手上提；兩手上下交替的同時，右腳平行向外橫開一步，腳尖向前；眼看上手。（圖 3-162）

圖 3-161

圖 3-162

圖 3-163

動作八　向右雲手

以腰為軸，向右轉體；右手上提至眼眉的高度變掤手，手心向內；逐漸轉體至身體中心；左手採、按至左胯旁；重心隨轉體移動，眼隨右手移動。（圖 3-163）

動作九、十

同動作三、四。（圖 3-164、圖 3-165）

圖 3-164

圖 3-165

動作十一、十二、十三

同動作五、六、七。（圖3-166～圖3-168）

圖3-166　　　　圖3-167　　　　圖3-168

動作十四、十五、十六

同動作八、三、四。（圖3-169～圖3-171）

圖3-169　　　　　圖3-170　　　　　圖3-171

【要領】

雲手在傳統套路中只出現左雲手，沒有右雲手，此動作推陳出新破例出現了右雲手，無論是從攻防角度還是從健身方面都是史無前例的。這說明編者大有推陳出新、勇於跳出陳規戒律的膽量，也體現出運動的全面性。

32. 撤步左高探馬

動作一　撤步探掌

圖 3-172

右腳向後撤一步，調整左腳；左手前向上方探掌，掌心斜向下，掌指斜向上，食指與眼眉同高，右手翻轉掌心向上，隨體重回移回收至右胯旁；眼看左手。（圖 3-172）

【要領】

高探馬是傳統楊式太極拳的一個動作，但左高探馬在傳統套路中很難見到，而且還是撤步左高探馬，就更難見。增加此動，鍛鍊了人體的均衡性，使鍛鍊更加全面。

高探馬，顧名思義是要看一看這馬有多高，用手順這馬的脖子向上摸去。此手法是由自己的肩前向前、向上探出，採用的是順搓掌。搓對方面部，手型斜向上，這裏不能採用前推的手法，推掌距離就短了。

【攻防應用】

此式是退中有進的動作。設對方向我胸部打來，我右手向下捋帶，左手向前技擊對方面部，隨即撤右腿，使對方失去重心。進退快捷簡便，殺傷力強。

33. 左蹬腳

動作一　提膝抱掌

右手下落，向後、向上畫弧抱於胸前，手心向裏，左手向下、向右畫弧抱於右手外側，手心向內，兩手腕部交

叉；左腳內收，提膝，小腿回收，腳尖下垂；眼看兩手交叉前方。（圖 3-173）

動作二　分手蹬腳

兩手外旋，轉掌心向外，左手向前、右手向後分開，手心向外，腕部與肩同高；左腳向上方蹬出，腳掌向前，腳尖裏勾，左手、左腳向同一方向；眼看左手。（圖 3-174）

圖 3-173　　　　　　　　　　　　圖 3-174

【要領】

身體要中正，站立腿可微屈，站立要穩。合抱左膝、左肘相對，蹬腳後也要左膝、左肘相對。兩手要對拉分開。蹬腳時意念在腳跟，要全腳掌蹬出，腳尖略往裏勾。

【攻防應用】

兩手分開進擊對方面部，左腳外蹬進擊對方胸部或肋部。

34. 左雙峰貫耳

動作一　收腿合手

左小腿屈膝下落，腳尖下垂；雙手旋腕轉手心向上，

右手找左手，聚於胸前，兩手間距 10 公分，成獨立亮掌；眼看兩手前方。（圖 3-175）

動作二　擰腿下落

兩手向下，經膝關節上方回拉落於胯旁，掌心向上，掌指向前；左腿下落，腳跟先著地；眼看前方。（圖 3-176）

動作三　弓步貫耳

左腳掌落平，屈膝前弓，成左弓步；同時，兩手向下、向後，再從兩側握拳向前上方合攏雙貫拳，拳眼斜向下，兩拳高度齊於太陽穴；眼看兩拳前方。（圖 3-177）

圖 3-175　　　　　圖 3-176　　　　　圖 3-177

【要領】

動作三「弓步貫耳」兩拳與耳門同高，兩拳距不寬於頭，有圈打如鉗之意。要求沉肩墜肘，兩臂圓撐，腿要前弓。

【攻防應用】

屬於捶拳法。兩手逐漸從胯旁兩側向前、向上、向裏合攏貫擊對方身體薄弱部位——雙耳或太陽穴，雙拳對稱，圈打如鉗。

35. 右蹬腳

動作一　轉體分手

重心回移，身體右轉，左腳微微裏扣；兩拳變掌，兩臂向兩側分開，掌心向外；眼看右手。（圖 3-178）

動作二　提膝抱掌

重心前移；兩手向下、向裏、向上合攏抱於胸前，腕部交叉成十字手，手心向裏，右手在外；同時，右腿向前提膝，小腿回收，腳尖下垂；眼看兩手前方。（圖 3-179）

動作三　分手蹬腳

兩手外旋轉掌心向外，右手向前、左手向後分開，手心向外，腕部與肩同高；右腳向前上方蹬出，腳掌向前，腳尖回勾，右腳、右手向同一方位；眼看右手。（圖 3-180）

【要領】

同「左蹬腳」，唯左右相反。

圖 3-178

圖 3-179

圖 3-180

【攻防應用】

同「左蹬腳」，唯左右相反。

36. 右雙峰貫耳

動作一　收腿合手

右小腿屈膝下落，腳尖下垂；雙手旋腕轉手心向上，左手找右手，聚於胸前，兩手間距 10 公分，成獨立亮掌；眼看兩手前方。（圖 3-181）

動作二　擅腿下落

兩手向下，經膝關節上方回拉落於胯旁，掌心向上，掌指向前；右腿下落，腳跟先著地；眼看前方。（圖 3-182）

動作三　弓步貫耳

右腳掌落平，屈膝前弓，成右弓步；同時兩手向下、向後再從兩側握拳向前上方合攏雙貫拳，拳眼斜向下，兩拳高度齊於太陽穴；眼看兩拳前方。（圖 3-183）

【要領】

同「左雙峰貫耳」，唯左右相反。

圖 3-181　　　　圖 3-182　　　　圖 3-183

【攻防應用】

同「左雙峰貫耳」，唯左右
相反。

37. 左踢腳

動作一　回坐分手

重心回移，右腳外撇；兩拳
變掌，兩臂向兩側展開，腕部與
肩同高，手心向外；眼看左手。（圖 3-184）

圖 3-184

動作二　跟步抱掌

重心前移；兩手向下、向裏合攏上抱於胸前，掌心向
裏，左手在外成十字手；同時左腳向前跟至右腳內側，腳
掌點地；眼看左前方。（圖 3-185）

動作三　分手踢腳

左手在前、右手在後分開，掌心向外；同時，左腳向
前、向上踢出，腳尖回勾，左腿與左手向同一方位；眼看
左手。（圖 3-186）

圖 3-185

圖 3-186

【要領】

分手踢腳時要保持身體中正，支撐腿要穩定，左腳回勾上踢要超過胸，意念在腳尖。

【攻防應用】

踢腳腳尖回勾，以髖關節為軸腳上踢屬於直擺，意在腳尖，速度極快，不易躲閃，命中率很高。

38. 轉身右踹腳

動作一　轉體抱掌

左腿回收，身體向右轉體，左腳向右插步，腳尖點地；兩手弧形下落合抱於腹前，手心向上，右手在外。（圖3-187）

動作二　提膝抱掌

以兩腳掌為軸，繼續向右轉體（共轉360°）；兩手上提，抱於胸前；同時，右腿提膝成獨立抱掌；眼看前方。（圖3-188）

圖3-187　　　　圖3-188

動作三　分手踹腳

兩手外旋轉掌心向外，兩掌向兩側分開，腕部與肩同高；同時，右腳向前上方踹出，腳尖內扣，意在腳底外側；眼看前方。（圖3-189）

圖3-189

【要領】

插步及大轉體（共360°）要自然平穩，以腳掌為軸，以腰帶動身體轉動。踹腳時支撐腿要穩，可以微微彎曲。踹腳時發力要實，右腳向右側橫踹，意念在腳底外側。

【攻防應用】

踹腳進攻部位可以是胸部、腹部及肋部，屬於撞擊性進攻且有彈性。

39. 進步栽捶

動作一　擺腳下落

右腳外擺，向前45°方向下落，重心前移；左手向右經面前攔掌至右肩下方，右手向右後提至肩的高度，手心向上；眼看右手。（圖3-190）

| 圖 3-190 | 圖 3-191 | 圖 3-192 |

動作二　出步折臂

腰向左轉，左腳向前邁出一步；左手下落至左膝內側，右手回折至耳門，手心斜向下；眼看前下方。（圖 3-191）

動作三　摟膝栽捶

左腿屈膝前弓成左弓步；左手向下，於左膝前上方畫一平圓至左膝外側 10 公分處，掌心向下，掌指向前，右手由耳門變拳向前下方栽捶，拳面斜向下，與地面交叉成 45°夾角，身體向前傾斜 30°；眼看拳面斜下方。（圖 3-192）

【要領】

動作三「摟膝栽捶」，左手膝前畫弧，右手從耳旁以腰帶臂、臂帶拳向斜下方打去，力點在拳面。為了保證身體的穩定性，還要求左右腳間的寬度在 30 公分左右，不可過窄。

【攻防應用】

攻防嚴謹，用完腿隨即用拳、腳手並用、腳手齊用、腳手齊到，技術全面，不給對方以喘息之機。

第五段

40. 翻身二起腳

動作一　起身托拳

重心回移，左腳裏扣，起身；左手向前上方伸展托於右拳下方，左手托右拳；眼看左掌前方。（圖 3-193）

動作二　轉體坐盤

重心移回至左腿，身體向右轉體180°，右腳上提外擺落地，屈膝下蹲成坐盤步；同時，右拳外搬，回收至腰間，左手隨坐盤下壓，經耳門及右手上方前推至胸前；眼看左手前方。（圖 3-194）

圖 3-193　　　　　　　　圖 3-194

動作三　騰空拍腳

右腳向前墊半步，隨即蹬地騰空而起，左腿提膝而起，右腳向前彈出，腳面繃平；右拳變掌，向後、向上、

向前拍擊右腳面，左手向下、向
後、再向上停於左後方；眼看右
手。（圖 3-195）

圖 3-195

【要領】

翻身二起腳是陳式太極拳的動
作。上步擺臂蹬地騰空要借勢，要
協調連貫，落手拍腳要迅速準確。

【攻防應用】

轉體 180°騰空彈跳而起，在空中用腳進擊對方。

41. 左披身伏虎

動作一　左腳落地

左腳先落地，隨即右腿屈膝成左獨立步；眼看右手。
（圖 3-196）

動作二　轉體出步

右腳落地，左腳提起向左轉體，左腳向左前方邁出一
步。（圖 3-197）

圖 3-196

圖 3-197

圖 3-198

圖 3-199

動作三　弓步貫拳

左腿屈膝前弓成左弓步；左手握拳，向下、向左、向上畫弧至前額前上方，拳眼向下，右手握拳回收向左至腹前，拳心向下，扭頭眼看右前方。（圖 3-198）

【要領】

注意下肢弓步與上肢貫拳同時完成。

【攻防應用】

披身伏虎，兩手齊貫。上可攻下可防，上下均可打，上下均可護。上護頭額，下護腹胸，上擊太陽穴，下擊軟肋。

42. 右披身伏虎

動作一　回坐收拳

重心回移至右腿，左腳裏扣；右拳回收至腰間，左拳收至胸前。（圖 3-199）

動作二　提膝伸臂

重心移至左腿，右腿提膝，腳尖下垂；兩手同時由拳變掌，向左上方伸出，雙手與肩同高；眼看左手。（圖 3-200）

圖 3-200

劉慶洲太極拳推手與66式綜合太極拳

動作三　轉體出步

向右轉體，右腳向右前方邁出一步；右手向下、向右、向上畫弧握拳至身體右側，與肩同高，左手向下、向右畫弧握拳至身體左側下方；眼看前方。（圖 3-201）

動作四　弓步貫拳

右腿屈膝前弓成右弓步；右拳向左橫貫停於頭額上方，拳眼向下，左拳向右橫貫，停於腹前，拳心向下，拳眼向裏；扭頭眼看左前方。（圖 3-202）

圖 3-201　　　　　　　　　圖 3-202

【要領】

前一個動作是左披身伏虎，後一個動作是右披身伏虎。六十六式綜合太極拳在編制上有很多動作是對稱的，這樣保證了鍛鍊及攻防的全面性和均衡性。

【攻防應用】

同「左披身伏虎」，唯左右相反。

43. 野馬分鬃

動作一　回坐抹掌

重心回移至左腿，右腳裏扣；左手由下向左前上方變掌伸探，掌心斜向下，掌指斜向前，高與肩平，右拳下落變掌停於腰際，掌心斜向上；眼看左手。（圖 3-203）

動作二　收腳藏拳

重心移回至右腿，左腳收於右腳內側，腳掌點地；左手由上向下弧形下落，掌變拳收於腹前，拳心向下，右手由下向右、向上畫弧，經面前攔至左肩前；眼看右前方。（圖 3-204）

動作三　弓步撇拳

向左轉體，左腳向左 45°方向邁出一步成左弓步；左拳以肩為軸，由下向上（高於頭）、向左前下方撇出（掄砸），拳心向上，拳面高於肩，右手向前、向下扶於左前臂上方；目視出拳方向。（圖 3-205）

圖 3-203　　　　　圖 3-204　　　　　圖 3-205

動作四　回坐抹掌

重心回移至右腿；右手向左畫弧抹
掌至右前方，掌心向下，腕部與肩同
高，左拳變掌收於左胯旁，掌心向上；
眼看右手前方。（圖3-206）

動作五　跟步抱掌

重心前移至左腿，右腳跟至左腳內
側，腳掌點地；右手向下、向裏轉掌心

圖3-206

向上抱於小腹前，左手向左、向上轉掌心向下抱於胸前，
兩手心上下相對；眼看前方。（圖3-207）

動作六　出步插臂

右腳向右前方邁出一步，腳跟著地；兩臂微向裏合；
眼看前方。（圖3-208）

動作七　弓步分手

右腿屈膝前弓成右弓步；右手向右前上方分出，手心
斜向上，腕與肩平，意在腕部，左手向斜下方採按至胯
前，手心向下；眼看右手食指。（圖3-209）

圖3-207

圖3-208

圖3-209

動作八　重心回移

重心回移至左腿，右腳尖上翹；兩手放鬆。（圖 3-210）

動作九　跟步抱掌

右腳外撇 45°，重心前移至右腿，左腳向前跟至右腳內側，腳掌點地；左手外旋，轉掌心向上、向前抱於腹前；右手內旋，轉掌心向下抱於胸

圖 3-210

前，兩手心上下相對；眼看左手方向。（圖 3-211）

動作十　出步插臂

左腳向左前方邁出一步，腳跟著地；兩臂微向裏合；眼看左前方。（圖 3-212）

動作十一　弓步分手

左腳掌落平踏實，重心前移，向左轉體，左腿屈膝前弓成左弓步；左手向左、向上分出，腕與肩平，手心斜向上，右手向下採按，手心向下落於右胯前；眼看左手前方。（圖 3-213）

圖 3-211

圖 3-212

圖 3-213

劉慶洲太極拳推手與66式綜合太極拳

【要領】

動作十一「弓步分手」時要左腳掌踩地，後腿由屈而伸，腰催胯、胯催膝，節節貫穿。兩手左上右下分別向斜上、斜下方分出，左手意在腕部，手心斜向上，右手手心向下，意在掌指。整個動作全部以腰帶動。

【攻防應用】

對方進擊我胸部，我右手採按對方右腕，左手插於對方右臂腋下並同時向斜上方分靠，使其跌倒。右野馬分鬃相反。

44. 四角穿梭

●四角穿梭一

動作一　跟步抱掌

重心前移，右腳向前跟至左腳內側，腳掌點地；右手外旋轉掌心向上抱於腹前，左手內旋轉掌心向下抱於胸前，兩掌心上下相對；目視前方。（圖 3-214）

圖 3-214

動作二　出步滾球

右腳向右前方 45°邁出一步，腳跟著地；右手由下向前上方畫弧至胸前，手心斜向上，左手由上向內、向下收於左腹前，掌心斜向下；（兩手好似滾動一個球）眼看右前方。（圖 3-215）

圖 3-215

動作三　弓步架推

右腳掌落平踏實，右腿屈膝前弓成右弓步，腰向右轉；右手向前轉掌心向上架於太陽穴側上方，左手向前、向上推按至胸前，掌心向前，掌指向上；目視左手前方。（圖3-216）

●四角穿梭二

動作一　回坐落手

重心移回至左腿，右腳微微翹起；兩手放鬆；眼看前方。（圖3-217）

動作二　扣腳抱球

向左轉體，右腳裏扣，重心回移至右腿，左腳尖點地；右手向裏，掌心向下抱於胸前，左手向裏合攏，掌心向上抱在腹前，兩手心上下相對；眼看前方。（圖3-218）

動作三　收腳轉體

左腳回收至右腳內側，以右腳掌為軸，向左轉體至西南方向。（圖3-219）

動作四　出步滾球

左腳向前方邁出一步，腳跟著地；左手由下向前上方畫弧至胸前，手心斜向上，右手由上向內、向下弧形下落收於腹前，掌心斜向下；眼看左手方向。

圖3-216

圖3-217

圖3-218

圖 3-219

圖 3-220

圖 3-221

（圖 3-220）

動作五　弓步架推

左腳掌落平踏實，左腿屈膝前弓成左弓步，腰向左轉；左手向前，轉掌心向上架於太陽穴側上方，右手向前、向上推按至胸前，掌心向前，掌指向上；眼看右手前方。（圖 3-221）

●四角穿梭三

動作一　回坐落手

重心回移至右腿，左腳微微抬起；兩手放鬆；眼看前方。（圖 3-222）

圖 3-222

動作二　跟步抱掌

左腳掌落平踏實，右腳前移跟至左腳內側，腳掌點地；右手外旋轉掌心向上抱於腹前，左手內旋轉掌心向下抱於胸前，兩掌心上下相對；目視前方。（圖 3-223）

圖 3-223

動作三　出步滾球

右腳向右前方邁出一步，腳跟點地；右手由下向前上方畫弧至胸前，掌心斜向上，左手由上向內、向下收於腹前，掌心斜向下；目視右手前方。（圖 3-224）

動作四　弓步架推

右腳掌落平踏實，右腿屈膝前弓成右弓步，腰向右轉；右手向前、向上旋腕轉掌心向上，架於太陽穴側上方，左手向前、向上推按至胸前，掌心向前，掌指向上；眼看左手前方。（圖 3-225）

●四角穿梭四

動作一　回坐落手

重心回移至左腿，右腳微微抬起；兩手放鬆；眼看前方。（圖 3-226）

動作二　轉體扣腳

右腳裏扣，向左轉體至東北方向，左腳跟至右腳內側，腳掌點地；右手內旋轉掌心向下抱於胸前，左手外旋轉掌心向上抱於腹前，兩手掌心上下相對；眼看右手前

圖 3-224　　　　圖 3-225　　　　圖 3-226

方。（圖 3-227）

動作三　出步滾球

左腳向左前方邁出一步，腳跟著地；左手由下向前上方畫弧至胸前，掌心斜向上；右手由上向內、向下收於腹前，掌心斜向下；眼看左手前方。（圖 3-228）

動作四　弓步架推

左腿屈膝前弓成左弓步，腰向左轉；左手向前轉掌心，向上架於太陽穴側上方，右手向前、向上推按至胸前，掌心向前，掌指向上；眼看右手前方。（圖 3-229）

圖 3-227　　　　圖 3-228　　　　圖 3-229

【要領】

「四角穿梭」主要注意出步的方向和角度。要求轉動靈活，動作連貫，同時還要注意手腳與腰的相互配合與協調。

【攻防應用】

四角穿梭進攻的方位是四個斜角。四角穿梭是架打，如對方向我打來，我用前手迎接並向上架引，另一隻手同時進擊對方胸部。

45. 虛步壓掌

動作一　跟步落手

向右轉體，右腳向前跟半步至左腳後方；兩手放鬆。
（圖 3-230）

動作二　虛步提掌

重心回移至右腿，左腳掌點地；左手由上向下、向右弧形下落按至左膝內側，掌心向下，掌指向右，右手由下順肋上提至頭頂上方，掌心斜向下，掌指向左；眼看前方。（圖 3-231）

動作三　虛步壓掌

左腳提起稍向前移，前腳掌點地；左手向前經左膝前方畫一平圓，停於左膝外側 10 公分處，手心向下，掌指向前，右手下按至左膝上方，手心向下，掌指向左；身體微向前傾；眼看前下方。（圖 3-232）

【要領】

虛步壓掌時要求轉腰順肩，適當調整前腳以保持身體

圖 3-230

圖 3-231

圖 3-232

中正不歪斜，身體自然微微前傾，但不可大於 45°，重心在後腿。

【攻防應用】

設對方用拳或掌或腿向我胸部進擊，我左手摟開對方進擊的手或腿，右手由上向下按擊或阻攔對方。

46. 左穿掌

動作一　左腳前邁

起身，左腳向前出步，腳跟著地；左手向上提起，旋腕轉掌心向上，掌指向前，停於右手腕上方；眼看前方。（圖 3-233）

動作二　弓步穿掌

左腳掌落平踏實，左腿屈膝前弓成左弓步；同時，左手掌心向上、掌指向前併攏伸直並向前、向上穿去，高與肩平，右手掌心向下，掌指向左停於左肘下方；眼看前手方向。（圖 3-234）

圖 3-233

圖 3-234

【要領】

動作二「弓步穿掌」要求以腰帶手向前方插去，且弓步要與插掌同時完成。注意定勢時要求腕部與肩平齊，左肘、左膝相對。

【攻防應用】

「虛步壓掌」屬於防範動作，「進步穿掌」屬於進攻動作。左腳前進一步，右手控制對方進攻之手，左手隨即用掌指穿插對方胸部或咽喉部位，很是兇猛。

在太極拳用手法進攻時，可以分點、線、面，如摟膝拗步中摟膝推掌採用的是手掌即用面進攻的方式；如肘底捶中轉體削掌和切掌衝拳中採用的掌法是削、切，即用的是線進攻的方法；而左穿掌穿插採用的是點進攻的方式，也是最為厲害的方式。

第六段

47. 轉身單擺蓮

動作一　轉體搭手

重心回移至右腿，以左腳跟為軸左腳尖裏扣，轉體180°，重心回移至左腿，調整右腳成右虛步；同時，左手回收，右手轉掌心向裏，兩手腕部交叉合抱於胸前成十字抱掌，左手在裏，右手在外；眼看前方。（圖 3-235）

動作二　起腿拍腳

右腿向上外擺；左手拍擊右腳面，右手橫撐於身體右

圖 3-235　　　　　　　圖 3-236　　　　　　　圖 3-237

前方，手心向外，掌指向上；眼看前方。（圖 3-236）

【要領】

轉身 180°，左腳尖要大扣（扣腳角度要盡量大於 90°）。左手拍擊腳面位置要準確，手腳要協調一致。拍腳時身體不可過於前傾。

【攻防應用】

設對方用腳向我身後進攻，我急速轉身躲開對方之腳，並隨即撐臂擺腳進擊對方頭部。

48. 左摟膝拗步

動作一　擺腳下落

右腳擺腳下落；左手向右折臂攔至右肩前，手心斜向下，右手旋腕，轉掌心向上提至右後 45°方向；眼看右手前方。（圖 3-237）

動作二　折臂出步

腰向左轉，左腳向前邁出一步，腳跟著地，頭部順勢左轉；右臂回折、右手虎口對右耳門，手心斜向下，左手

向前、向下落於左膝內側；目視前方。（圖 3-238）

動作三　摟膝推掌

左腳掌落平踏實，左腿屈膝前弓，右腿逐漸蹬直成左弓步；左手經膝關節前上方畫一平圓至大腿外側 10 公分處，掌心向下、掌指向前，指尖與膝平，右手經耳門向前推按，食指尖與鼻尖等高，虎口對準身體中心；目視前方。（圖 3-239）

圖 3-238

圖 3-239

【要領及攻防應用】

同第 5 式「左摟膝拗步」。

49. 摟膝指襠捶

動作一　跟半步

右腳向前跟半步；兩手放鬆；眼看前方。（圖 3-240）

動作二　出步攔掌

左腳向前邁一步，腳跟著地，重心在右腿成左虛步；左手向前、向裏攔至腹前，手心斜向下，掌指斜向右，右手掌變拳，弧形下落回收至腰際，拳心向上；眼看左手前

圖 3-240　　　　圖 3-241　　　　　　圖 3-242

方。（圖 3-241）

　　動作三　摟膝打捶

　　左腳掌落平踏實，左腿屈膝前弓成左弓步；左手向下，經膝關節前上方畫一平圓停於大腿外側 10 公分處，掌心向下，掌指向前，指尖與膝平齊，右拳由腰帶動向前衝出至腹前，拳眼向上；眼看右拳前方。（圖 3-242）

　　【要領】

　　要求摟膝、弓步、轉腰、打捶四動同時完成。

　　【攻防應用】

　　對方進擊我下部，我則摟開對方進攻之手或腿，出步出拳進攻對方襠部。

　　## 50. 左撩右彈

　　動作一　向右裏帶

　　向右轉腰；左手向上，掌變拳，隨腰向右裏帶至面前，拳心向裏，拳眼向左，右拳隨轉腰回收至胸前，拳心向下，拳眼向裏；重心移至右腿；眼看右前方。（圖

3-243、圖 3-243 附圖）

　　動作二　向左裏帶

　　向左轉腰；右拳向前伸展，隨轉腰腕部外旋，向右裏帶至拳心向裏且豎於胸前，拳面向上，左拳向下回收至左腰間，拳心向裏；重心移至左腿；眼看左前方。（圖 3-244、圖 3-244 附圖）

圖 3-243　　　　　　　　　圖 3-243 附圖

圖 3-244　　　　　　　　　圖 3-244 附圖

　　動作三　弓步左撩

　　向右轉腰，重心右移成右弓步；左拳隨轉腰向右前下方撩出，拳面向下，拳眼向前，右拳向下收至右胯旁，拳

眼向上；眼看左拳前下方。（圖 3-245、圖 3-245 附圖）

動作四　馬步右彈

重心快速移回至左腿成馬步，腰向左轉。右拳向前下方彈出，拳眼向裏，意在拳底；左拳回收至左腰際，肘拳靠緊肋部。眼看右拳前下方。（圖 3-246、圖 3-246 附圖）

圖 3-245

圖 3-245 附圖

圖 3-246

圖 3-246 附圖

【要領】

左撩右彈，發力在腰。

【攻防應用】

此動作連續進攻的是人的致命處，撩襠、彈襠兇猛至極，防不勝防，從技術上講已達到進攻最高峰。

51. 退步左擠勢

動作一　回撤探掌

右腳向後撤一步，調整左腳；左手向前上方探出至面前，右手回收至左肘下方，掌心斜向上，成探捋勢；眼看左手前方。（圖 3-247）

動作二　回捋合手

重心回移，前腳回撤半步；兩手向斜下方回捋、轉腕上合至胸前，左手在外，手心向裏，右手在裏，手心向外，且搭於左手腕部；眼看前方。（圖 3-248）

動作三　快速打擠

左腳向前邁一步，右腳跟進半步快速打擠；同時雙手向前擠出；眼看左手前方。（圖 3-249）

【要領】

打擠時出步要快，在打擠那一刻發力。

圖 3-247　　　　　圖 3-248　　　　　圖 3-249

【攻防應用】

出左掌向前探出，對方應手，我隨即退步回捋，並跟步快速向前打擠。此動作捋為虛打是實，使對方防不勝防。

52. 轉身雀地龍

動作一　轉體下勢

左手掌腕部上提，五指捏攏回勾轉腕變鈎手，右手稍下落，停於左腕下方；右腳後撤成左弓步；眼看左手腕部。（圖3-250）

動作二　仆步穿掌

左腿屈膝下蹲，右腿伸直鋪平，上體右轉成右仆步；右手下按至小腹後，變穿掌沿右腿內側向前穿至右腳面；眼看右手前方。（圖3-251）

圖3-250　　　　　　　圖3-251

【要領】

同「左下式」。

【攻防應用】

同「左下式」。

53. 左提膝托掌

動作一　弓步挑掌

右腳尖外撇 90°，左腳尖裏扣，重心前移，起身成右弓步；右手指尖向前、向上挑掌，左鈎手內旋，轉鈎尖向上停於胯後；眼看右手前方。（圖 3-252）

動作二　提膝托掌

右腳尖外撇，重心前移至右腿，右腿獨立站立，左腿提膝，小腿回收，腳尖斜向下；左鈎手變掌，向前、向上經右手腕部轉掌心斜向上穿至頭頂上方，掌指向右，同時右手胸前下按，轉掌心向下至胯旁，掌指向前；眼看前方。（圖 3-253）

圖 3-252　　　　　　　圖 3-253

【要領】

動作二「提膝托掌」，右腳踏平站穩，要以腰帶腿、帶手。左腿向上提起，左腳尖下垂，小腿內收，左手上撐，右手下壓。注意身體要中正，含胸，頂頭，撐臂。

【攻防應用】

設對方進擊我胸部，我左手向上托對方之臂，右手採住對方之手，同時提膝進攻對方之腹部。

54. 撤步攬雀尾

動作一　撤步探掌

左腳向下、向後撤一步；右手向上、向右探掌至面前，手心向下，掌指向前，左手下落至右肘下方，手心斜向上；眼看右手前方。（圖 3–254）

動作二　回坐捋手

左腳蹬地，身體順勢回坐；兩手同時向左斜下方捋，右手至胯，左手至腰；目視前方。（圖 3–255）

動作三　轉體搭臂

向右轉體；右手向上提至胸前，手心向裏，掌指向左，左前臂回折轉掌心向上，經左胯向前搭於右手脈搏處，兩手之間相距約 10 公分；目視前方。（圖 3–256）

圖 3–254　　　　圖 3–255　　　　圖 3–256

動作四　弓步前擠

重心前移，右腿屈膝前弓至腳尖；兩手順勢前擠；目視前方。（圖 3-257）

動作五　扣腳旋腕

重心移回至左腿，右腳尖裏扣，腰向右轉；兩臂向右掤雲，右手旋腕，轉掌心向前，掌指向上，左手中指扶於右腕脈搏處；眼看右前方。（圖 3-258）

動作六　弓步按掌

重心移向右腿；右手向右前方按出；眼看右手前方。（圖 3-259）

圖 3-257　　　　　圖 3-258　　　　　圖 3-259

第七段

55. 左單鞭

動作一　勾手收腳

左腳收至右腳內側；右手變鈎手；眼看右鈎手腕部。

（圖 3-260）

動作二　出步掤手

向左轉體，左腳向左前方邁出一步，腳跟先著地；左手隨轉腰向左、向前至面前掤出；眼看左手。（圖 3-261）

動作三　弓步按掌

左腳落平踏實，重心前移，左腿屈膝前弓成左弓步；同時，左手轉掌心向前、向下推按至胸前，食指尖與鼻尖同高，虎口對準身體中心，前手與鈎手夾角大於 90°；眼看左手前方。（圖 3-262）

圖 3-260　　　　圖 3-261　　　　圖 3-262

【要領與攻防含義】

同第三式「左單鞭」。

56. 左下勢

動作一　轉體攔掌

重心回移，向右轉體，左腳裏扣 90°，調整右腳；左手

隨轉體向右經面前畫弧攔至右手腕下方，指尖對脈搏；眼看右手腕部。（圖 3-263）

動作二　仆步穿掌

右腿屈膝下蹲，膝關節對腳尖，左腿伸直鋪平，上體左轉成左仆步；左手下按至小腹後變穿掌，沿左腿內側向前穿至左腳面；眼看左手前方。（圖 3-264）

圖 3-263

圖 3-264

57. 上步七星

動作一　弓步挑掌

重心前移，左腳尖外撇90°，右腳尖裏扣，左腿屈膝前弓成左弓步；左手指尖向前、向上挑掌，右鈎手內旋轉鈎尖向上停於胯後；眼看左手前方。（圖 3-265）

動作二　上步衝拳

左腳外撇，重心全部前移至左腿；左手旋腕，掌變拳，拳心向裏至胸前；右腳向前邁出，成右虛步；右鈎手掌變拳，拳心向下，向前上衝至左拳下方成十字架拳；眼看兩拳前方。（圖 3-266）

圖 3-265

圖 3-266

【要領】

動作二「上步衝拳」要把衝的動作做足，首先要注意左腿要做實，右腿上步時才能自如，同時還要注意一定要以腰帶腿帶拳向前衝出。

【攻防應用】

①設對方向我面部打來，我左手擒住對方之手，右手迅速向前打拳衝擊對方頸部。

②設對方向我進擊，我雙手托架進行防護。

58. 退步跨虎

動作一　右腳後撤

右腳向後撤一步成左弓步。

（圖 3-267）

動作二　回坐展臂

重心回移至右腿成左虛步。腰向右轉；兩拳回收至右胯間，腰向左轉，右拳變掌，由下向

圖 3-267

圖 3-268

圖 3-268 附圖

外再向上穿展至太陽穴側上方，手心斜向上，左手旋腕拳變掌，弧形下按至左胯旁，掌指向前，手心向下；眼看前方。（圖 3-268、圖 3-268 附圖）

【要領】

動作一「右腳後撤」，後退腳要在同側偏外落地，兩腳不可交叉，不可在一條直線上，要保證身體的重心不偏不倚。

右手向上穿展，左手向下採按，要體現出上穿下採之意。

【攻防應用】

設對方雙手向我胸部進攻，我雙手向後引帶對方，然後迅速把對方分展出去。

59. 轉身雙擺蓮

動作一　轉體壓掌

向左轉體；右手隨轉體向左下按於左膝上方，左手按

圖 3-269

圖 3-270

圖 3-271

於左胯旁，手心向下；眼看前方。（圖 3-269）

動作二　提膝翹腳

重心移於右腿，左膝上提，腳尖上翹；同時左手捏鈎上提至與肩同高；目視前方。（圖 3-270）

動作三　轉體穿掌

以右腳掌為軸，左腳後插落地，向右後轉體 360°成右虛步；右手隨轉體順左臂上穿，轉掌心向外，停於身體右側，左手變掌停於右肘內側，兩掌心斜向下，掌指斜向上；眼看右手。（圖 3-271）

動作四　擺腳雙拍

重心完全落於左腿，右腳向左、向上、向右經面前畫弧擺動，要求腿伸直，腳面繃平；同時，左右手依次於面前向左拍擊腳面。（圖 3-272）

圖 3-272

圖 3-273

動作五　擺掌落腿

雙手停於身體左前方，掌心向下，掌指斜向左上方；右腿屈膝上提停於身體右前方45°，腳尖向下；眼看左手前方。（圖 3-273）

【要領】

轉身擺蓮腳共轉360°，分兩步完成。一是以右腳掌為軸向右轉體180°，二是以左腳掌為軸繼續向右轉體180°。轉體移動要靈活連貫，下盤穩定，上體不可晃動。擺腿時雙手要依次拍擊腳面，這樣才能發出一二兩響。

【攻防應用】

設對方進擊我前身，我轉身避之，用雙手撥開對方之手，用擺腿進擊對方。

60. 彎弓射虎

動作一　落腳甩臂

圖 3-274

右腳向右前方45°出步落地，向右轉體；兩臂向下、向右甩臂，右手至右後方30°，手心向下，左手至右肋腋下方，兩掌均變拳；眼看右前方。（圖 3-274）

動作二　弓步衝拳

右腿屈膝前弓成右弓步；右拳回折於太陽穴上方，拳眼斜向下，同時左拳向前上方衝出，拳眼斜向下；眼看左拳

圖 3-275　　　　　圖 3-276　　　　　圖 3-277

前方。（圖 3-275）

【要領】

動作二「弓步衝拳」，弓步、衝拳要同時完成，右拳要回拉，左拳要前衝，雙拳似拉弓一般，應做得很飽滿。

【攻防應用】

前手進攻對方胸部，後手進攻對方頭部。

61. 左撇身捶

動作一　跟步藏拳

左腳向前跟至右腳內側，腳掌點地；右拳向下、向左變掌攔至左肩前，掌指斜向上，左拳回收至腹前，拳心向下，拳眼向裏；目視前方。（圖 3-276）

動作二　弓步撇拳

向左轉體，左腳向左45°方向邁出一步成左弓步；同時，左拳由體前上舉過頭，經面前向斜前方撇出（掄砸），拳心向上，拳高於肩，右手下落，扶於左前臂上方；目視出拳方向。（圖 3-277）

147

【要領】

同「右撇身捶」，唯左右相反。

【攻防應用】

同「右撇身捶」，唯左右相反。

圖 3-278

62. 撤步右高探馬

動作一　撤步探掌

重心回移，左腳向後撤一步，調整右腳；右手向前上方探掌，掌心斜向下，掌指斜向上，食指與眼眉同高，左手拳變掌，隨重心回移回收至左胯旁，手心向上；眼看右手。（圖 3-278）

【要領】

同「撤步左高探馬」，唯左右相反。

【攻防應用】

同「撤步左高探馬」，唯左右相反。

圖 3-279

63. 退步右搬攔捶

動作一　收腳握拳

右腳回收至左腳內側，腳掌點地；右手回收，掌變拳，停於小腹前，拳心向下，左手向左、向上、向裏抱於胸前，掌心向下，眼看前方。（圖 3-279）

動作二　退步搬拳

右腳後撤半步；右前臂以肘為軸，拳背向外搬出，拳心向上，高度至胸，左手下按至左胯前，手心向下，掌指向前；目視右拳前方。（圖3-280）

動作三　出步攔掌

左腳前邁，腳跟著地，成左虛步；右拳內旋，由前微向外畫弧回帶轉掌心向上收於腰間，同時左掌向左、向前上方、向右畫弧攔掌於胸前，掌心斜向下，掌指斜向右；目視前方。（圖3-281）

動作四　跟步衝拳

左腳落平踏實，重心前移，右腳向前跟半步；右拳內旋，從左掌下方向前衝出至胸前，拳眼向上，左掌回攔於右前臂內側；目視右拳前方。（圖3-282）

圖3-280　　　　　圖3-281　　　　　圖3-282

【要領】

這是一個新的動作，以前只有進步搬攔捶。沒有退步搬攔捶。此動作是退中取勝、先退後進的動作。

【攻防應用】

略。

64. 如封似閉

動作一　左手前穿

左手轉掌心向上，順右前臂下方向前分穿，兩手相齊，兩手掌心向上，左右分開，與肩同寬，意在兩掌拇指根節；目視兩掌。（圖3-283）

動作二　收掌出步

重心回移至右腿；兩手旋腕，向下回收於小腹前，掌心斜向前，掌指斜向上；左腳向前邁半步，腳跟著地；目視前方。（圖3-284）

動作三　弓步按掌

左腳踝關節放鬆，腳掌踏平，左腿屈膝前弓，右腿蹬直成左弓步；同時，兩掌掌心向前、向上推按至肩的高度；目視兩手前方。（圖3-285）

圖3-283　　　　　圖3-284　　　　　圖3-285

65. 十字手

圖 3-286

動作一　轉體扣腳

重心回移右腿，向右轉體，左腳裏扣（扣直，腳尖朝向正南方）；右臂外展至右45°；目視右手前方。（圖 3-286）

動作二　撇腳展臂

右腳外撇45°；兩手向前下方外展；繼續向右轉體成右弓步；目視右手前方。（圖 3-287）

動作三　扣腳收手

重心左移，右腳裏扣；兩手向下、向裏合攏，兩手合抱交叉於腹前，掌心向裏；目視前方。（圖 3-288）

動作四　收腳抱掌

重心左移，右腳向左腳靠攏回收成開立步，兩腿直立；兩前臂腕部交叉成十字手形，掌心向裏，兩臂抱圓，頭上領，後背微外鼓；目視前方。（圖 3-289）

圖 3-287

圖 3-288

圖 3-289

圖 3-290

【要領】

左腳裏扣、右腳外撇、雙手展臂、雙手合抱要做到上下協調，周身連貫，特別要注意以腰為軸帶動四肢。

【攻防應用】

十字手變化多樣，退可防進可攻，同時也是收氣養神的絕妙手法。

66. 收勢

動作一　兩手分開

兩手翻腕轉手心向下，慢慢向外展開至與肩同寬，與肩同高，目視前方。（圖3-290）

圖 3-291

動作二　兩手下按

兩手慢慢下按，轉掌心向裏停於兩胯旁；目視前方。（圖3-291）

動作三　收腳還原

重心慢慢移向右腿，左腳輕輕上提，平行向右靠攏至右腳旁。調整呼吸，心平氣和，靜靜站立少許。（圖3-292）

【要領】

雙手下按意在腕部，做到沉肩墜肘、氣沉丹田。收勢要求鬆靜沉穩，速度均勻。完成整套動作後要停留片刻。

圖 3-292

第四章

太極推手

第一節　論太極推手

太極拳是中華武術的瑰寶，是強身健體、修身養性、防身自衛的有效方法。

太極推手是太極拳的重要組成部分，是太極拳的應用和對練形式，是提高太極拳套路、練習攻防的最好方法，是太極拳的高級階段，是歷代武術家奮力追求的真諦。

太極推手堅持沾、連、黏、隨的原則，避免頂、匾、丟、抗的毛病。嚴禁雙方相互角力、相互摟抱、相互頂撞。它不同於拳擊、摔跤揮拳使腿，提倡「捨己從人」「隨曲就伸，後發先至」。太極推手屬於以靜制動、以柔制剛、以弱勝強、以巧勝拙，順勢借力使對方失去平衡，趁機發放的一種巧妙的運動。它自成體系，是歷代拳師畢生經驗的結晶，是中華武術的精髓。

我自幼追隨武術大師李天驥先生練習太極拳和太極推手，並受到太極名師劉晚蒼老師和郝家俊老前輩多年的指點和教誨。他們各有自己的特點和推法，但有一個共同的特點就是「都不是用力量」。

與他們推手就好像在水裏走路，兩腳自立不穩，上重下輕，東倒西歪，找不到平衡，總處於背境，摸他們的身上處處是陷阱，處處有埋伏。進，進不得；退，退不得，使你很不自由。剛要摸出點勁來，他一鬆如掉入深淵，使

你落空，在掙扎的瞬間又騰空而起，被發出丈外是經常的事。但他們毫不費力，輕鬆自然，而被發放者，只覺得很突然，但不覺得難受，有時會倒地，但也絕不會發生技擊傷害事故，使旁觀者莫名其妙，不知其所以然。他們都是近代太極界的佼佼者，是頗有名望而又受人仰慕的高手。

太極推手的健身價值並不亞於太極拳。太極推手是在輕鬆愉快中，二人手臂相搭，相互推挽，沾連不脫，你進我化，你走我隨，隨曲就伸的運動。往返均以腰為軸，急來急應，緩來緩隨，完全以人的屈伸而屈伸，從而鍛鍊腰腿的靈活性、柔韌性、協調性。既提高了身體素質，又增強了大腦皮質對外來刺激的反應能力。太極推手確確實實是一種高級運動文化，它的健身效果很全面，強身健體速度快，健身養生的成本最經濟。

為了弘揚中華武術精神，普及、教授、推廣太極推手方法，提高太極推手技術水準，促進太極推手運動的發展，今天，我把從先輩處學到的太極推手技法和自己多年來親身的練功經驗和體會，撰寫此文，以敬獻給太極推手愛好者。希望他們有所借鑒，少走彎路。

由於水準所限，書中不足之處在所難免，敬請海內外同道和太極拳愛好者批評指正。

第二節　什麼是太極推手

太極推手這個叫法是近百年來才定下來的，原來叫「打手」「靠手」「攦手」「柔手」等。還有諸如「聽聽勁」「摸摸手」「聽聽手」等習慣叫法就更多了。

太極推手是兩人搭手，按照太極拳的基本要領，根據「沾連黏隨，不丟不頂，無過不及，隨曲就伸」的原則，運用掤、捋、擠、按、採、挒、肘、靠八種技法，進行你來我往、你進我化的相互推按，既不脫離又不頂撞的循環運動。是「恃巧不恃力」，利用「以巧勝拙」「以輕制重」「引進落空」「趁勢借力」，使對方失去平衡的一種對抗性的體育競技運動。它是一項鬥智、用招、體現功力也十分耐看的高級競技運動。它還是一項暢通氣血、增強體質、使人興趣盎然、促進團結、增進友誼的體育競技活動。這種競技運動，既能訓練功力和耐力，也能訓練靈敏、技巧等身體素質，又可開發智力。

太極推手是一項非常有趣味的運動，很受人們的喜愛和歡迎。無論男女老少、體強體弱都可以練習，而且不受場地限制，運動量因人而異，可大可小，可快可慢。也不需要特殊的服飾和器具，隨時隨地二人搭手即可練習。透過練習均可達到修身養性、強身健體、防身自衛、開發智能、歡樂人生之目的。

太極推手主要包括定步推手、活步推手兩大類。

定步推手包括：單手平圓、單手立圓、單手折疊（又叫單推手），以及雙手平圓、雙手立圓和四正手（又叫雙推手）。

活步推手包括：進三退三、進三退二、大捋（又叫四隅推手）。但最基本、最常見、最主要的還是四正手，即掤、捋、擠、按四手。

第三節　太極推手與太極拳套路的關係

太極推手和太極拳套路練習，兩者是相輔相成、相互補充、相互制約、相互促進的關係。太極拳套路練習是「練體」，是知己，是基礎，而推手是「練用」，是知彼，是應用。兩者並練，體用結合，還要有明師指點，可以少走一些彎路。

太極拳套路練習是推手技術的基礎，可以練體、練意、練氣、練勁、練精神和練習各種手法。

太極推手是一種對抗形式的練習方法。練習推手可以提高用勁技巧和攻防意識；可以提高身體對外來刺激的反應能力；可以提高樁步的穩定性和身體的靈活性、協調性、完整性。由初級到高級，由單手到雙手，由定步到活步，多練自己，不要急於求成。太極推手不下苦功是練不出巧妙手法和內勁來的。

練習推手可以改變自身在套路中的不正確動作，可以提高手法的正確性和真實性、意念的真實性和勁力的真實性。只有這種真實性提高了，拳藝才能提高。

拳藝提高了，反過來又作用於推手，為推手鋪平了道路，創造了條件。因此，太極拳套路練習和推手二者是相輔相成、相互促進又相互制約的。只練套路不練推手，不能正確了解太極拳的真正含義；只練推手不練套路，也不能達到推手的高級階段。

太極推手是一種很有趣味、引人入勝的運動，其健身功效不亞於太極拳套路的練習。特別是腰部的運轉和腿部的運動量，遠遠超過太極拳套路。

二人經常練習，相互合作，相互幫助，相互配合。既提高了技術，增強了體質，又增進了友誼，越練興趣越濃，技術也會不斷得到精進；而且在開發智能方面，在思維上都會有很大改變，可謂一舉多得。

練太極拳套路是知己的功夫，練推手是知人的功夫。知己知彼，方能百戰百勝。拳論講，「本是捨己從人，多誤捨近求遠，學者不可不詳辨焉」。太極推手獨樹一幟，決不是較力，它的運轉符合運動力學原理，符合物理慣性和槓桿力學原理，是恃巧不恃力的運動。太極推手有時利用了分力合力或人的錯覺，來破壞對方的穩定性，純屬以靜制動，順勢借力，以巧勝拙。

使用力量和速度既是動物的本能，也是人的本能。不用蠻力，以柔克剛，後發先至，以巧勝拙，才是太極推手所追求的最終目標。經常見到有些人推手還不會四正手，

不打輪，一接觸就摟抱在一起，以力角力，使腿使絆，這樣推下去，越推越彆，越練拙勁越大，距離真正的太極推手越來越遠。正如拳論所講，「差之毫釐，謬之千里。學者不可不詳辨焉」。

第四節　太極推手功法

太極推手的基本功法是系統的、全面的基本手法練習。透過練習基本手法，不僅可以提高腰腿功夫和整體協調性、柔韌性、穩定性，還可鍛鍊身體的平衡能力和爆發力。

一、太極推手基本手法（八法的使用）

拳論講：「掤要撐，捋要輕，擠要橫，按要攻，採要實，挒要驚，肘要衝，靠要崩。」

「掤、捋、擠、按、採、挒、肘、靠」是太極推手的八種基本手法。其要領和用法如下：

1. 掤手（勁）

「掤在兩臂」「掤臂要圓撐」「掤力常存」。手心向裏，前臂橫在胸前。意在腕部外側或前臂一側，有向外、向上又有回引之力；圓與胸脊相呼應。掤屬於防禦手法，是主要手法。

掤手可以變捋、變擠、變採、變挒、變肘、變靠、撅截等，先防後攻，攻防兼備。

2. 捋手（勁）

「捋在掌中」「捋在尺中」（尺骨）。捋為順勢，要輕，要轉腰，前腳要踩力。順其來勢，有引導使對方向前之意。「輕靈不丟頂，力量自然空」。在順勢的同時要保持自身穩定，不要為他人所乘。

捋無定向。捋時要前腳踩地，手向斜下捋，頭要向上領，向左或向右或向斜下方捋均是順力，可以左捋、右捋、斜下、斜上，也可平捋。可走斜線也可走弧線。

對方進攻是希望攻擊我胸部，我可以先順其來力，待力接近自身時微轉腰向斜下方引帶，對方想挽回失敗已來不及。所以要順其來勢，將勁練成引之便來、不得不來的威力，切勿謬。

3. 擠手（勁）

「擠在手背」。接觸點在外而力在後手，在腰，在頰脊，為楊式推手之主攻手。有左擠、右擠、正擠之法。捋和擠相互配合使用。捋不來則變為向前擠。擠勁要打實打透，意念要遠。是腰、腳、脊、臂配合發出的整勁，剎那間使人騰空而起。

擠的位置不定，隨對方捋的幅度而變化，所以說「擠」在手背不夠全面，應在腕與肘之間、前臂處。總之是對方之中心。

4. 按手（勁）

「按在腰攻」。首先要控制住對方，不讓其有逃脫之意，兩手要向下、向回引。對方有失中之時再向前按，直接向前不要斷勁。其力先向上再向前，應將物掀起後再向前發放。

按手「如將物掀起加以搓之之力」。按時要鬆腰氣下沉，弓腿長腰展臂向前發放，自然會收到四兩撥千斤之效。

5. 採手（勁）

「採在十指」。採手是用掌指往回、往下採切對方之腕部，採在十指是使手腳產生一個奪力，趁對方手向前伸之時按住對方腕部向下、向回引帶，或左或右，使對方失去重心而前跌。採可連採，使對方站立不穩，產生失重之感總有前傾之意，腳發出踏踏之聲。

採手，作為破壞對方進攻之手法，是借以使對方失去平衡，趁勢借力的手法，很能奏效，但時機要準，不早不晚，恰到好處。

6. 挒手（掌）（勁）

「挒在兩肱」。手向斜方或斜上方給力，為挒掌。打耳光叫挒掌，向裏或向斜下、斜上轉動前臂為挒手。挒，撕裂之意，使對方身體扭轉而失去重心。總之，是一種斜力，滾動斜力很能牽動對方重心，是造成對方破綻的重要

手法，造成不穩定趁機發力，很能奏效。兩手可分開使用，左採右挒，或右採左挒。

7. 肘（勁）

「肘在屈使」。即用肘尖進攻對方，是靠近對方身體出擊的手法，可以向前，可以橫向，可以向後，還可以向下進擊。「近在肘攻」，發肘勁時應肘膝相合，鬆胯弓腰，腰腿用勁，身型中正。肘還可以向回引帶，使對方落空，趁勢發放。用肘比較兇猛，傷害性較大，要慎用。

8. 靠（勁）

「靠在肩胸」。進攻部位應是胸部、肋部。靠，多用於順勢，趁對方捋勢可以變肘，變靠。靠有三靠：臂靠（上臂）、肩靠、背靠。靠有一陰還一陽，向前向後。靠易失中，不宜太過。要慎用。腳下要安穩。

靠應變臉。前靠，頭向回看後方，前腿要向下蹬力，肩胯結合，以抖勁和震彈力擊人，立身安穩，用呼氣配合出一整勁。

二、沾連黏隨

太極推手提倡四法：沾、連、黏、隨，它們相互為用，是聽勁的必要條件，是知覺運動的開始，是提高推手水準的基礎，貫穿推手的始終，要細心追求。

沾連黏隨，即二人搭手後既不脫離又不頂撞，隨曲就伸，你來我往，你進我化，你退我跟，不即不離，不先不

後，處處吻合。還要根據對方之變化而變化，叫「從人則活，由己則滯」。

1. 沾（勁）

「沾者，提上拔高之謂也」。

「沾」合在一起有引動之意，如「擎起彼身借彼力」中的「擎」字內有靈的涵義，說明擎和沾必須使用得輕靈。

用沉力、沉勁，即用呼氣肩臂放鬆，向對方身上或斜下方去力，迫使對方反抗，反抗之力足以使對方有空浮之時，我即隨其反抗之力的方向，向我之斜上方引沾，使其腳跟離地，全身成漂浮狀，這時任我所用。

2. 連（勁）

「連者，捨己勿離之謂也」。

我之手與對方之手臂相連不斷，即人進我引，人上我上，人下我下，人左我左，人右我右，隨其變化而變化叫「連」。沾連不脫是也，不離開對方之謂。

捨己不離要連綿不斷，不能中途有停頓呆滯之弊端。

3. 黏（勁）

「黏者，留戀繾綣之謂也」。

對方被動以後想擺脫被動穩定重心時，我即用手臂黏住對方，使之不能擺脫被動。就像膠黏住一樣，即所謂「我順人背謂之黏」。

相互不脫叫黏著，黏貼住對方的手或臂，相互不脫離。黏和敷字含義一樣，說明手要輕靈，勿有滯重之意。

4. 隨（勁）

「隨者，彼走此應之謂也」。

對方使用各種手法時，我則高來高隨、低來低去，彼直來我曲化，跟隨之意，不離不脫之意。拳論講，急來急應，緩來緩隨，隨曲就伸，不先不後，恰如其分，不快不慢，恰到好處。

「要知人之知覺運動，非明沾連黏隨不可。斯沾連黏隨之功亦甚細矣」。

以上四種手法或勁力是太極推手的基礎，是太極推手不可或缺的功夫。因為太極推手講求聽、化、拿、發，避免頂、匾、丟、抗，追求沾連黏隨。只有做到沾連黏隨，才能聽得準、聽得細，才能捨己從人，能夠從人，才能引進落空，能引進落空，才能做到「四兩撥千斤」之效。這些要求、手法相互依存，相互牽連，相互促進，相互影響，它們將隨著功夫的漸進而漸進。它不是孤立的，和全身放鬆的程度及實踐過程相關又相互影響。總之是實踐學，屬於實踐、認識，再實踐、再認識，且永無止境。

三、頂、匾、丟、抗四病手

頂、匾、丟、抗四手法與沾連黏隨相對抗、相違背，屬於病手，所以要克服。

1. 頂者

「出頭之謂也」。

頂是頂撞、抵抗強去之意。

對方來力，不與其抵抗，要順。順則是化，化應是「拿」、控制。

2. 匾者

「不及之謂也」。

匾是不圓，收縮太過，手臂離身體太近。太極拳講圓，講掤力常存，掤者向外掤架、膨脹，不許對方接近之意。匾，缺乏防守之意，臂為自身第一道防線。有人講偏，偏沉不中正，拳論講，「立如平準，活似車輪」。

3. 丟者

「離開之謂也」。

太極推手講沾連黏隨，離開是病手，離開則無法聽。不脫離、不丟開對方，是為了時時處處了解對方，摸清對方的動向、動機意圖，隨時探知對方的破綻，找到對方的空隙，所以不要跑手，不要斷手，不要丟掉對方，要和對方相連不脫，才能更好地了解對方。人不知我，我獨知人。有人形容釣魚，魚來吃食是來上鉤的，不要怕，不要轟它。所以對方進攻不要反對，要化，化而拿才是追求的正確方向。所以丟不得，丟開對方就無從變化，無從變化就只能被動挨打。

4. 抗者

「太過之謂也」。

對方要來，以力相抵抗不讓其來是錯誤的，走化不及時也會產生抗力，但應隨即變化。誰變化得快，誰為先手。勁用過了就會僵，隨對方的力而動，即無過不及，誰鬆活、輕靈，誰為好手。要提倡順、化，能順才能不抗，能化才能化被動為主動。能化才能發，克服了「抗」才能化。抗為病手，要克服。

頂匾丟抗，四大病手，失去了沾連黏隨的知覺感應，容易被對方順勢控制或借力發放。正如拳論中所論述的，「引進落空合即出，沾連黏隨不丟頂」。

四、聽、化、拿、發

1. 關於「聽」

「聽」是推手的技術術語，太極推手講「聽」「聽勁」。聽是反應，是知覺，利用手臂或接觸點神經末梢的接觸來探知，聽全靠沾連黏隨、不脫不離的技法。

聽得靈、聽得準、聽得細，全靠身體的鬆、靜。鬆包括大腦的放鬆、肌肉的放鬆、肩胛的放鬆、肘腕的放鬆，還要靠意識放鬆，且鬆而不懈，還要求靜下心來精神集中，這樣臂及腕部的感覺才能靈敏，才能聽得靈，變化快。反之肌肉緊張，血液循環受阻，造成神經麻痹，反應遲鈍，反而會被對方所利用，是推手之大忌。

拳論講，「周身輕靈求懂勁，懂勁後越練越精，漸至隨心所欲」。所以說輕靈是反應變化的先決條件。

聽要聽得準，聽得準才能變化準，不先不後恰如其分，準確無誤。聽力、反應、變化的快慢和變化的準確程度和經驗與放鬆程度有關，隨著技術的提高，「聽」永無止境。

有其意必有其力，有反意必有反力，有反抗的意念必有反抗之力量的出現。技高者沒有打人之意，而是對方有了反抗之力順勢借力而發，勝負立判。

2. 關於「化」

化是變化，是化解。化不是跑，不是躲，是順，是拿，是由被動變化為主動，由背勢變為順勢。

化則動，動則隙，隙則擊，「柔化自當知斜閃」是拳法要訣。攻我左我左避而右去；攻我右我右化而左發；攻我下我下化上擊；攻我上我上閃斜打。最簡單、最常見的化法是直來橫打、橫來直攻。逢手遇掤用採挒，採挒是破壞直力的有效手法。

蛇有三形，擊頭尾還，擊尾頭還，擊身則頭尾俱還。對此可悟出些道理，找出一些規律和必然。

化人走曲線，發人走直線，曰曲化直發，先有牽動才能有發放。是太極推手中借力打人、以小力勝大力的關鍵，也是追求的目標。化功較難，要多練化少練發，有「縫兒」才能從容化解。化要柔，化中有引，化勁全賴轉腰，收胯與含胸、化拿同時完成。

用腰脊轉動化掉對方的進擊，以氣全吞而入化也。化

有吞字之意。

3. 關於「拿」

拿是控制對方，是對方由主動變為被動之時。我由被動變為主動叫「拿」。拿要拿穩拿死，要拿中心，讓其站立不穩，逃脫不掉，使對方失去重心，以氣蓋彼來處，隨時為我所用。認定準頭而去也。拿有蓋字之意，拿決不能強求，要拿得巧妙。

4. 關於「發」

發是發放，是將對方發放出去。太極推手講發放，發放是一種技巧，是在對方站立不穩之時，趁勢順其背勢而發放的一種手法。發放的勁力要整，要專注一方，發放的意念要遠要長、先蓄後發，「蓄力如張弓，發勁如射箭」。蓄而後發，曲化直發，引則動、動則隙、隙則擊，能在一思進，不在一思存。動是為了引出對方之破綻為我所用，名曰借力。

發放前身體每塊肌肉都能在短時間內作出相應反應，即由有意識變為無意識（即下意識），自然的本能反應，整體爆發出威力無比的力量，對方重心失去平穩又被拿住時就可攻擊。發放時腰腳手合一，發放是整勁，要周身完整，一氣呵成。

發放要周身一家全身整。其根在腳，發於腿，主宰於腰。由腳而腿而腰，總須完整一氣，不能有絲毫散亂。

立身中正，不偏不倚。全神貫注，胯要鬆，腰要活，

肩要沉，臂要鬆，胸要含。剛從柔中出，才會有彈力。能鬆腰胯，能含胸，才能變化自如，產生爆發力。「含蓄在胸，變化在腰，發放在神」。發放時，全身放鬆，集全部精神，以腰脊為總樞紐，結合呼吸，收氣於丹田，貼於脊背，發氣貫於梢尖，集中全身之力量，瞬間以迅雷不及掩耳之勢，爆發出一種強大的威力，集中於一點，發放而去，對方便騰空而起，飛出丈外，未嘗有不奏效的。

太極推手是運動力學，有著深奧的力學原理，不是玄學，不是神學。太極推手是一種實踐、認識，再實踐、再認識的實踐學，靠天長日久，靠日積月累，靠明師指點，靠沾連黏隨，靠鬆、靠靜。

發力，一定要自身穩定。發力前必須要蓄力，發力前必須要得機得勢。發力前必須是順人之勢。「順人之勢，借人之力」。發力之時必須專注一方，要長要遠。發人之前必須把對方和自己的接觸點（即對方的手）全部倒開，使對方無依靠，無藉助之處，才不拖泥帶水。

拳論還講，「身型腰頂豈可無，缺一何必費功夫」。

五、引手、誘手

1. 引手

引導之意。

2. 誘手

誘導之，騙取之意，非真也。非真即假，假手也。假

手但又不能讓人識破，待識破之時則為時已晚。

開，屬於引的範疇，對方實來我以虛迎引之。將自己的門打開以誘敵，把敵人的實引進空處；如果不以開法來引敵，將敵拒之於自己大門之外，就可能以實對實，違反了技擊原則，就會出現頂抗。

孫子兵法曰，兵者詭道也。「強而避之，怒而撓之，親而離之」，攻其不備，出其不意，此兵家之勝訣。

攻其不備，出其不意，拳打兩不知。要達到這一目的，有時需要設法造成對方的錯覺，所以引手、誘手成為重要手段。

凡功深者與人交手能引之則來，揮之則去，其中很大程度都包含著引手、誘手的成分。

六、鬆

這裏首先還要講講太極拳對鬆的要求。鬆是練好太極拳的第一要領，是練好太極拳的基本條件。

在練拳過程中，要保持身體各部位的自然舒展，排除不必要的緊張。只有正確地運用鬆，才有利於掌握太極拳的其他要領，更好地體現太極拳的運動特點，提高太極拳質量，增強健身和醫療效果。

鬆是全身放鬆，肌肉關節全部鬆開。如何放鬆呢？首先意念要放鬆，不能緊張。在思想的引導下配合呼吸放鬆。一部分一部分地放鬆。

1. 從頭部開始

從百會穴向下，兩耳、頸椎、兩肩、兩臂、兩肘、兩腕、兩手直至手掌、指尖，逐一放鬆。

2. 前面

從鼻尖中間起自上而下，自胸、腰腹、兩腿、兩膝至腳，一直鬆到腳掌。

3. 後面

自後腦、頸椎、脊椎、背、腰、臀、兩腿，像淋浴一樣節節放鬆，處處放鬆，配合呼氣，肌肉又好像往下脫落一樣，直鬆到腳掌腳心。

初級階段要慢一些，從思想上要想仔細一些，習慣以後很快就能放鬆，全身一想就能放鬆，再到後來全身總是放鬆的。

頭的放鬆首先是頸椎的放鬆，掌指、手的放鬆首先是腕部的放鬆，身體的放鬆首先是大腦的放鬆，不能緊張。只要大腦放鬆了，各處就能鬆開了（筋骨要鬆）。

兩臂的放鬆，首先是肩胛的放鬆。沉肩氣到肘，沉肘氣到手。

上身的放鬆，首先是腰部的放鬆。

下肢的放鬆，主要是胯和膝關節的放鬆。由膝到腳節節放鬆。

只有這樣，身體各部才能得到更好的放鬆。也只有腰

部放鬆以後，才能逐漸地使膝關節放鬆。膝關節是最難放鬆的一個部位，也只有膝關節放鬆以後，重心才能真正落到腳下，與大地產生「呼應」。重心能鬆到腳下，利用反作用力，再由腳下反上來，上下自由貫通，產生根基。

拳論講：「其根在腳，發於腿，主宰於腰，由腳而腿、而腰，總須完整一氣。」下盤穩固才能運用自如、變化隨意。拳論講：「要想收斂入骨，先要兩股前節有力。」兩股前節有力，全靠腳下生根。

能鬆而後能柔，鬆柔是太極拳的一大要領。「有心練柔，無意成剛」。鬆柔是剛的基礎，「先柔而後剛」，先剛而後成僵，僵是太極拳之大忌。

太極拳要求「鬆而不懈，沉而不僵」，先柔軟而後堅剛，太極拳功夫純正且深的人兩臂無比沉重，「如綿裹鐵」。

鬆，在太極拳習練不斷提高的過程中，鬆的程度也在不斷地加深和提高，鬆是肌肉和呼吸的巧妙配合，不同的階段將有不同的體會。鬆是無止境的。我認為「鬆」是太極拳愛好者，特別是推手練習者須永遠研習的一個大課題。

在練習太極拳時，產生出的鬆是自己的鬆。練習太極推手產生出來的鬆，是被動壓迫出來的鬆。這種鬆，如能和對方的作用力同步放鬆才能有效，既不快又不慢，既不大也不小，不先不後，同步同時，恰如其分的放鬆才是真正的放鬆。練習太極拳時的放鬆是自己的放鬆，是沒有外力情況的放鬆，遇到真力外力就會緊張起來，被對方所利

用，所以叫「假」放鬆。練習推手以後，遇到外力還能與對方之來力恰如其分地放鬆才是「真」放鬆。

太極推手這種鬆，是在實踐中磨練出來的，靠實踐、靠磨練、靠細心體會、靠日積月累。

七、呼吸

太極拳的呼吸叫拳式呼吸，氣宜沉入丹田。練功的人們對丹田甚為珍視，古人云：「凝神於此氣日充、神日旺，神旺則氣暢，氣暢則血融，血融則骨強，骨強則髓滿，髓滿則腹盈，腹盈則下實，下實則輕健，輕健則動作不疲，不疲則四肢矯健，顏如桃李。」莊子講，真人呼吸以踵，息息歸臍，對養生非常有益。

太極拳出手為呼，收手為吸；升為吸，降為呼；提為吸，沉為呼；開為吸，合為呼；收蓄為吸，發放為呼。

吸則能提起來，呼則亦自然能沉得下，也能把人放得出，呼吸均可制人。

推手時，掤為吸，捋為吸，擠為呼，按為呼，採為吸，挒為呼。

初級階段以自然呼吸為佳，千萬不可勉強配合呼吸，否則會出現弊端。日久功深以後氣自然充滿，氣與動作會巧妙配合。

拳論講，「氣以直養而無害」「呼吸往來氣貼背」「牽動往來氣貼背」「能呼吸而後能靈活」「體鬆氣斂入骨」「行氣如九曲珠無往不利」「意氣須換得靈，乃有圓活之趣」「以心行氣，務令順遂，乃能收斂入骨」。

呼吸應為順逐，當吸即吸，當呼即呼，一切均任自然，切不可憋氣努氣，呼吸應以深、長、勻、細為準，避免粗、短、憋氣情況的出現。

運動引導呼吸，呼吸催助動作。吸要深長，呼要盡透。

八、身型

1. 頭

領頭豎項，鼻對臍，精神貫注，提起全部精神。

「頭能領得起，則無遲重之虞」。

2. 肩

肩肘永遠下沉，氣不上揚，護肋護身。

沉肩垂肘空腋，運動在兩肩。

起肩必起肘，起肘氣必浮，沉肩氣達肘，沉肘氣達手。

3. 身

立身中正，自然安舒，含胸，拔背，裹背。

含胸，寬胸之法，似長出了一口氣。

身形腰頂豈可無，缺一何必費功夫。

4. 腰

鬆腰活腰，「識透腰中趣，方見法玄妙」。

腰占有非常重要的地位，「變換在腰」，腰為一身之

樞紐，「命與源頭在腰隙」。「主宰於腰，活潑於腰」，運動在梢，機關在腰，多用腰，少用手臂，要以腰帶動四肢。

5. 胸

含胸拔背，能含胸才能有爆發力。凡是運用化勁的手法都離不開胸的輔助，而拔背有利於放勁。力由脊發，兩臂相繫，緊要全在胸中腰間運化，含胸即胸部的蓄勢。

太極對身體各部位的要求：二十九要。

> 身要正，體要鬆，頭要領，神要聚，
>
> 頸要豎，肩要沉，胸要含，背要拔，
>
> 肘要墜，腋要空，腕要塌，掌要舒，
>
> 腰要活，腹要實，胯要鬆，臀要斂，
>
> 襠要圓，肛要提，腿要屈，膝要合，
>
> 足要蹬，趾要扣，心要靜，意要專，
>
> 耳要凝，目要斂，舌要捲，吸要深，
>
> 呼要透。

九、以靜制動

太極推手以靜為基本原則和要領，靜是為了精神更好地集中，以保證周身內外的協調。靜還有利於增強意念與動作的協調一致；動作與呼吸的密切配合。

靜是以靜待動，隨機應變。靜不是不動，處於被動地位。靜是為了精神高度集中，仔細觀察和感覺，又叫

「聽」。靜是全神貫注，以靜制動，形如搏兔之鵠、捕鼠之貓。

如果對方來力很猛，則採用以退為進的手法，順勢捋或用原地旋轉法，化開對方的來力，化用曲線使對方落空。用採的手法配合腰勁，使對方由進攻變為被動。

太極推手講「後發先至」「捨己從人」「引進落空」，不搶先出手。「彼不動、己不動，彼微動、己先至」，又說「彼挨我之皮毛，我之力已入彼之骨裏」，這是以靜制動的基本原理。

要特別注意推手不要犯主觀的毛病，凡動要根據對方的變化而變化，叫「從人則活」。

十、以柔制剛

柔和是太極拳的特點，鬆柔能使氣血無阻，經絡通暢，借以滋潤五臟六腑，四肢百骸，從而強身健體，延年益壽。

推手採用以柔制剛，是借以達到「引進落空」「以小勝大」「以巧勝拙」的目的，利用「沾連黏隨」「不丟不頂」，依靠神經末梢的感覺，一觸即知，知則變，變則化，化則拿，拿則發。

應知「化人則柔、制人則剛」的道理。剛不是主觀用蠻力，而是得機得勢之時，調動全身之力量，在一剎那間擊其弱點。

「以柔制剛」是對方在向我用招法的一剎那，我不與其抵抗，利用捨己從人的辦法，順其來力方向，恰如其分

地避其鋒芒。以腰為軸帶動兩臂，以加速或用兩臂滾動即螺旋力，借以牽動對方失去平衡而被我所用。彼以剛直來攻，我以曲柔化之，或閃開正中占橫中。拳論講：「柔化自當知斜閃。」

「以柔制剛」是一種較難掌握的技術，需要在實踐中尋找經驗與體會，不斷總結經驗，不斷提高技藝。

十一、虛實與輕靈

太極拳處處講虛實，分清虛實為太極拳術之第一要義，如重心在右腿，右腿為實，左腿為虛；反之重心在左腿，左腿為實，右腿為虛，這是初級階段之虛實變化。虛實能分而後轉動輕靈，毫不費力。如果不能分虛實，則邁步滯重，自立不穩，左右歪斜，易被人所制。

太極推手中的虛實變化則完全是以對方的虛實變化而變化，或先或後，或早或遲，或大或小，均不為妙。但有時為抑制對方，可稍快稍長。

太極拳講全身無一處無虛實。虛實是太極拳之精髓。實非全然站煞，實中有虛。虛非全然無力，虛中有實。太極推手中的進退，左顧右盼，聲東擊西，真真假假等諸多變化均為虛實構成。練拳及推手要處處存心和留意虛實，而後越練越精，功久而技巧矣。巧即變化隨意是也，即輕靈。正如虛實歌訣云：

「虛實實虛神會中，虛虛實實手行功。練拳不諳虛實理，枉費功夫終難成。虛守實發掌中竅，中實不發藝難精。虛實自有虛實在，虛虛實實攻不空。」

太極拳講鬆、靜，講虛實，講輕靈。輕靈是指在運轉中不出現呆板遲重之象。「周身輕靈神貫頂」「周身輕靈求懂勁」。在推手當中更要全神貫注，周身輕靈，虛虛實實手行功。人虛我以實引，人實我以虛守，趁虛而入，打實不打虛，遇虛當守，得實即發，虛中有實，實中有虛，全身虛實全在腰隙的轉換，陰陽虛實處處現，多處合一世少見。

「由己則滯，從人則活」。與人搭手要順遂，不是進攻而是含蓄，要捨己從人。能從人，手上便有分寸。「稱彼力之大小，分釐不錯；權彼力之長短，毫髮無差。前進後退，處處恰合，功彌久而技彌精矣」。上下相隨，呼吸自然，能呼吸而後能靈活，變換在腰，行氣於四肢，分清虛實，圓轉自如。又說「尾閭中正神貫頂，滿身輕利頂頭懸」。

周身輕靈求懂勁，輕靈柔和而多變。「勁起於腳跟，變化在腿，含蓄在胸，運動在兩肩，主宰在腰」。這是以軀幹帶動四肢的運動，其完整性起著主導作用。

十二、含胸拔背

「含胸拔背」是太極拳和推手的重要要領，要認真體會。含胸，即胸微內含，也叫寬胸，即自胸部向肩兩側放鬆擴展，從而使胸腔容積加大，增加了肺活量，對養生非常有利。由於胸腔擴展，帶動了脊背外鼓，使脊背成一立弧形，並且有繃緊之意，所以有人叫「緊背」「裹背」「拔背」等。楊澄甫《十要》說：「含胸者，胸微內含，

使氣沉於丹田也。拔背者氣貼於背也。能含胸則能拔背。能拔背則能力由脊發，所向無敵也。」

胸部是人之中心，變化不靈活之處（死角），受制於人之處。經過練習後，逐漸變得靈活多變，加之與腰的配合，就更顯得靈活多變。腰走平圓，腰如車軸，加上胸、背、肩的左旋右轉、左扣右扣，就成了一種多向的弧線運動。處處形成陷阱，使對方陷入被動挨打的局面。正如拳論所講，含蓄在胸，轉動在腰，神通於背。運化全賴胸中腰間變換。呼吸往來氣貼背，力由脊發，蓄勁如張弓，發勁如射箭，曲中求直，蓄而後發。緊要處全在胸腰的運化，不能鬆活、不能含胸就談不上彈抖，且發人不遠。能含胸才能爆發出一種強大的威力，發人如射箭。

十三、鬆腰、鬆胯

腰、胯是人身體的主要活動關節和部位。在練習太極拳過程中，腰管靈活，胯管穩定，它們是人身體轉動的總機關和大樞紐，是最關鍵的部位。因此，腰、胯在自身的穩定中占有重要的地位。在推手中能鬆腰鬆胯是很不容易做到的，需要經過較長時間刻意追求才能獲得。

能鬆腰鬆胯，才能使上身下身分為兩節；只有上下身分為兩節，才能使身體轉動自如，下盤才能穩定。常言道：「腰不鬆，上下不通。」又說，「勢勢存心揆用意，刻刻留心在腰間」。

能鬆腰才能使身體重心經過膝關節往下落到腳掌，才能使自身重心穩定，才能使上下之力相呼應，才能使運化

達到靈活多變。以腰為軸帶動四肢，才能達到「立如平準，活似車輪」的境界。

腰為一身之主宰，一身之樞紐。「其根在腳，發於腿，主宰於腰」「只有識透腰中趣，方見法玄妙」，由腳而腿而腰，總須完整一氣。「全身上下九節勁，節節腰中發」。鬆腰，則一身可分為兩截，以腰勁發人必遠。鬆胯，則兩腿可虛實變化自如。

拳論講：「欲要身體穩定，先得兩股前節有力，兩肩鬆開，氣向下沉，勁起於腳跟，變換在腿，含蓄在胸，運動在兩肩，主宰在腰。上與兩膊相繫，下與兩胯、兩腿相連。」

十四、分力、合力、開力

1. 分力

分是分開分散，不使其力集中之謂。對方兩手相合集中於一處將意味著發放，故要分散其力。

對方兩手同時來力進攻一個點，可以兩手扶於對方之腕部或肘部，管一手使其力不得集中，廢其一手，稱為管一手打一手。分力的方法很多，例如：

可以分出輕重；

可以分截其肘部，截一肘；

可以一邊截一邊進；

可以用腰腿的變化。分力要輕，不使對方反感。在不知不覺中變化，達到「人不知我，我獨知人」。

總之，不使對方兩手之力集中於我身，要分散其力。但分中有合，合用於我。合中有分，分用於對方。分有左分、右分、上分、下分、斜上、斜下。分力是引導其力，不能集中而失中。

2. 合力

合是相併、相合、集中之謂。拳術之道，一開一合盡之。是兩手與腰腿之力，集中一點，意氣力相合發放前的準備。發放之點與對方之中心要合；時間要合；角度要合。叫「發落點對即成功」，意、氣、力、神之合，放時腰腳認端的。「合，不但手腳合，心意也與之俱合」。

兩手同時向裏也叫合，集中一點叫合，和對方之力相一致也為合。對方分我合，對方合我開，謂之開中合，合中開。

3. 開力

開力是分開、敞開之意，不使其閉合之謂。

開與分意近似，但實質不盡相同。分是分散，不使其力集中。開是敞開、分開，不使其閉合。時時想方設法不使對方兩手相合，讓其敞開大門，雙臂分離易於牽動重心，我可隨時趁虛而入。

太極推手發人方法很多，其中有收放之法，有趁虛而入之法。開力屬於後者之意。「開，不但手足開，心意亦與之俱開」。開將意味著合，「開中有合，合中寓開」，變化莫測。

十五、手法的混合使用

太極推手不以力勝，不以快取。但講「後發先至」「趁人之勢，借人之力」，提倡以巧勝拙，以小力勝大力。因此，手的使用與手法的變化就顯得非常重要，這是我們要研究的課題。

太極推手講輕靈。二人搭手，自己出手與人相觸，不使人反感，出手要輕，不使人感到太大威脅為好。因為對方如感覺力大有威脅，必以加力來反抗，你自己也要隨之多付出。所以為了自己少付出，就要力不過人，輕接輕觸，柔和輕靈為好。另外，手法輕靈，反應才能靈敏。輕則靈，靈則動，動則變；變為先手，先手才能制人。

太極推手從字面上講，只有掤捋擠按採挒肘靠八種手法。肘和靠兩手又要慎用，用之極少。因此，只有幾種手法常見、常用。但在實際演練變化當中則遠遠比這幾手多得多。

最初要按照手法順序去推，是為了相互練習手法的熟練性、協調性、隨意性。但到後來要分勝負之時，則往往不按順序，而是隨意趁勢使用對自己有利的手法，可連續混合使用，如順勢擠、順勢按、順勢捋，左擠右擠正擠。或切或提或分或開或合或搓或滾或點或勾或截或攔或抹或帶，手法很多很多，隨勢而用，順勢而變。來則順勢捋，去則順勢發，願來就來，願去就去，來去自由，隨曲就伸，來之歡迎，去之歡送。「因敵變化示神奇」。

太極推手其本質是穩定自己的重心（平衡），破壞對

方之重心（平衡），說白了就是加點減點（力）。二人兩
手相搭，對方哪邊輕，在哪邊給他減點力；對方哪邊重，
在哪邊給他加點力，這樣就使得他更加不穩定、不平衡，
東倒西歪。哪邊背，向哪邊發力，很容易借力發揮。這是
一個典型的例子，可以以此類推。

　　太極推手又講手不空去，手不空回，來則順勢将，去
則順勢發，去有按擠捋，回有採帶将。上有提，下有採，
左右腕部滾動出方圓，腰部左旋右轉見高低。又講「往返
須有折疊，進退須有轉換」。

　　太極推手為了與對方接觸輕靈，虛虛實實，變化隨
意，把接觸點變小，分為面、線、點。

　　面：用掌面，接觸點成面，較大。用於按、将等。

　　線：用掌之側面，小指一側接觸點成線，比掌面小，
用於切截，塌腕立掌前切、提腕回引等，變化隨意，簡單
易行。

　　點：用指尖，接觸點最小，用三個或兩個或一個指尖
牽引或點按對方一個點，用力最小，不反抗，對方最不易
化解，效果最好。接觸點越小，對方越不易察覺，不易化
解，你自己也越省力，牽動以後任你隨意發放。

十六、勁的混合使用

　　「勁」是一種特殊能量，是由鬆入手，化僵為柔，積
柔成剛，剛柔兼備，是長期修煉形成的一種特殊的動力，
唯太極門獨有。外柔內剛，柔中寓剛，不僵不滯，屈伸圓
活，忽隱忽現，變幻莫測，遍布周身。

太極拳講鬆柔，講虛實，講剛柔。剛是由柔中練出來的，拳論講「有心練柔，無意成剛，常求柔軟於外久之自得堅剛於內」，非有心練堅剛，實有心之練柔軟。

先化去原有的僵硬勁，越練越柔，運動過程中柔，落點剛，忽隱忽顯。隱則柔，顯則剛，求柔則剛，求剛則僵，化去拙力，原力自生。

1. 勁力之說

向外有掤力，向內有捋勁，有合勁，雙手相合有擠勁。

向下有按勁，雙分有開勁，滾臂有捌勁。

手腕出方圓，有肘勁，肘臂出方圓，有靠勁。

2. 身型之說

上有虛領頂勁，振奮精神，全神貫注。

中有含胸拔背，沉肩垂肘，能蓄能發，變化隨意，發放自如。

下有鬆腰鬆胯、提肛、斂臀，氣沉丹田，膝關節隨意曲伸縱橫，十趾抓地，中正安舒，重心穩定，有沉勁。

十七、搭手

搭手：二人出步後即搭手，搭手要輕，二人腕部相交，各含掤力，不可過強亦不可過弱，與對方等同。有掤力又有回引之力，向上有斜向上之意，向回有向斜下方之意。不卑不亢，伺機而動。

有「觸手便占先上先之說」，又有「唯手先著力隨即輕開」，亦叫「引進落空」。逢手遇掤用「採、挒」，屬於破解掤手之法。

搭手是聽勁的開始，聽是了解對方，了解對方才能採取相應變化，不易被動。

十八、換手、換腿

換手，在推手過程中是常見之事，隨時隨地不知不覺中就變換。如打順輪稍一遲鈍，或一引帶即可變為逆輪。這隻手累了就換另一手，這條腿累了可換另一條腿，換腿時自己退一步，對方就順其退而進一步。退步可即刻趁勢換另一手。

關於四正手，在初級階段換手是個問題。換時：

1. 應打捋時，不打捋而打按，我打按對方就得換捋，這樣就換過來了。

2. 應打按時，不打按而打捋，對方就應打擠了。換手很容易，但要有個熟練過程。

第五節　太極推手基本功法

太極推手基本功、基本手法的練習，是在沒有對手的情況下，自己隨時操練的一種方法。是假設有對手時的情景，「面前無人似有人」，自己單獨練習的方法。透過反

覆練習，可以提高自身的椿步、手法、腰、腿、手相互的協調性，可以提高推手的技術水準、手法的熟練程度和身體素質。所以，有些老拳師終身練習此法。

1. 單手平圓

預備勢

右腳在前，左腳在後，右腳腳尖朝向正前方，左腳腳尖外撇45°，兩腳橫向寬度10公分左右，膝關節朝向腳尖，重心在後腿；左手自然下垂，右手掌心向前，掌指上翹，停於右腰際。要求沉肩墜肘塌腕，掌指自然舒展。（圖4-1）

右視圖　　　　　　正視圖　　　　　　左視圖

圖4-1　單手平圓

（1）弓步按掌

右手從腰際上提向前推按，掌心向前，掌指向上，要求沉肩墜肘，推按意念遠放。同時，右腿緩慢屈膝前弓，弓腿完成，手推按完成。要求踝關節放鬆，腳踏平。（圖4-2）

| 右視圖 | 正視圖 | 左視圖 |

圖 4-2　單手平圓

（2）回坐掤手

重心逐漸回移至後腿，前腳尖微翹；右手慢慢外旋，反轉掌心向內成掤手；右手經（自身中心）胸部中心時，要求含胸、收腹，再向右轉腰、收右胯；右手繼續向內旋腕翻掌，轉掌心向外停於腰際，完成一個循環。（圖4-3～圖4-5）

【要點】

①手、腿、腰要協調一致。做到弓腿完成，手已推按至最遠，回坐完成，轉腰收胯翻掌完成。

| 右視圖 | 正視圖 | 左視圖 |

圖 4-3　單手平圓

右視圖　　　　　　正視圖　　　　　　左視圖

圖 4-4　單手平圓

右視圖　　　　　　正視圖　　　　　　左視圖

圖 4-5　單手平圓

②弓腿膝關節不可過腳尖，幅度太大容易造成身體向前傾斜，回坐幅度過大容易造成身體向後傾斜。

③身體中正，不偏不倚。單手平圓手的前推和回掤所走的路線是一個大圓弧，圓弧的中心是自身的中心，不可向左或向右偏斜。

④弓腿手前按，手的高度是胸，回坐手心向裏回掤。依此循環往復地練習，根據個人體質狀況做 8 ～ 16 個循環，還可以換腿練習。

【易犯錯誤】

①手、腿、腰不協調。

②身前圓弧不正，偏於一側。

③弓腿、回坐幅度過小或過大。

2. 雙手平圓

預備勢

右腳在前，左腳在後，右腳腳尖朝向正前方，左腳腳尖外撇45°，兩腳橫向寬度10公分左右，膝關節朝向腳尖，重心在後腿；兩手停於腰際，掌心向下，掌指向前。要求沉肩墜肘塌腕，手指自然舒展。意在掌指。（圖4-6）

（1）掌心向下，兩手前伸，臂盡量遠放，同時右腿屈膝前弓。（圖4-7）

正視圖　　　　左視圖

圖4-6　雙手平圓

正視圖　　　　左視圖

圖4-7　雙手平圓

（2）雙手向左、向回畫弧，同時重心慢慢回移。
（圖 4-8）

（3）雙手繼續畫弧回移經腹前至右腰一側，完成一個循環。要求轉腰旋腕，收胯斂臀。（圖 4-9～圖 4-11）

【要點】

①兩臂要自然伸展自然回收，要求沉肩墜肘，鬆腰鬆胯。

正視圖　　　　　　　　　　　左視圖

圖 4-8　雙手平圓

正視圖　　　　　　　　　　　左視圖

圖 4-9　雙手平圓

正視圖　　　　　　　　　　　左視圖

圖 4-10　雙手平圓

正視圖　　　　　　　　　　　左視圖

圖 4-11　雙手平圓

②做到周身合一，腰、腿、手、眼協調一致，弓腿要充分，雙臂盡量前伸。兩臂伸展與回收要手心向下，與地面似有摩擦力，同時還要做到回坐轉腰、收胯旋腕協調一致。推手講沾連黏隨，此功法是鍛鍊摩擦力的一種有效方法。

③可以向左也可以向右，由左向右，或由右向左變換方位，轉換點均應在腰間轉換為佳。總之，可以左右腿互換，反正圓互換，反覆交替練習。

【易犯錯誤】

起肩抬肘，伏身凸臀，仰身腆胯，上下不合，弓完腿再出手，手與腳脫節。

3. 雙手立圓（雙按掌）

預備勢

右腳在前，左腳在後，右腿屈膝前弓；雙手前伸，手心向下，與肩同寬，與胸同高。（圖4-12）

正視圖　　　　　　　　　　　左視圖

圖4-12　雙手立圓

正視圖　　　左視圖

圖4-13　雙手立圓

（1）回坐收掌

重心逐漸回移至後腿，前腳尖微微翹起；兩掌指放鬆，沉肩墜肘，腕部由前微向上、向回畫弧，回收至胸前，再下按至腹前。要求塌腕舒掌，含胸，鬆腰鬆胯，氣下沉。（圖4-13、圖4-14）

正視圖　　　　左視圖

圖 4-14　雙手立圓

（2）弓步前按

　　右腳踏平，右腿逐漸前弓；兩掌向前、向上推按，推按高度至食指與鼻尖平齊。意在掌根，弓腿完成按掌完成。（圖 4-15、圖 4-16）

（3）放鬆還原

　　稍停，兩臂放鬆，掌指放鬆，自然下垂，手心向下，伸展腕部，鬆腰鬆胯，氣下沉，完成一個循環。如此反覆往返地練習。（參見圖 4-12）

正視圖　　　　左視圖　　　　　正視圖　　　　左視圖

圖 4-15　雙手立圓　　　　**圖 4-16　雙手立圓**

【要點】

身體中正，頭向上領，沉肩墜肘，鬆腰鬆胯，胸內含，提起精神，意隨手動。

【易犯錯誤】

身形不正，手與腰不協調，兩臂直來直去，沒有弧形，向上推按不連續，產生斷勁。

4. 捋擠勢

預備勢

右腳在前，左腳在後，右腿屈膝前弓；右臂向右前方30°伸展，腕與肩高，手心斜向下，左手停於右肘內側下方，手心斜向上，兩手心斜相對。順掌。（圖4-17）

正視圖　　　　　　　　　　　　左視圖

圖4-17　捋擠勢

（1）回坐捋

重心後移，右腳掌踩地；兩手同時向下向左斜下方捋勁；轉腰，兩手合勁，右手外旋，左手內旋，與轉腰成一整勁，右手轉掌心向內，左手轉掌心向前，左手心對右手

腕脈搏處，提至胸；腰轉正，面向前方。（圖 4-18 ～圖
4-20）

正視圖　　　左視圖

圖 4-18　捋擠勢

正視圖　　　左視圖

圖 4-19　捋擠勢

右視圖　　　　　正視圖　　　　　左視圖

圖 4-20　捋擠勢

（2）弓腿擠

弓步同時，雙手向前打擠，意念遠放，目視兩手前方。（圖 4-21）

右視圖　　　　　　正視圖　　　　　　左視圖

圖 4-21　捋擠勢

（3）放鬆還原

順掌，參見圖 4-17。完成一個循環。

【要點】

兩手捋時要有合力，前腳掌要有踩力，手與腳要有爭奪力。轉腰與旋腕要有爭力、合力。打擠不要斷勁，兩手由下向上合於胸前。力要完整一氣。

鬆腰鬆胯、弓步按掌要同時完成。可以打右側捋擠，也可以打左側捋擠，還可換腿，可左腿在前，也可右腿在前，也可以大甩臂。如此往返不斷。

【易犯錯誤】

前腳尖翹起，捋時兩手不合，腰與手不合，弓腿與打擠斷勁。

5. 快速擠、按

一擠：（參看捋擠勢）

（1）兩手前伸成捋勢。

（2）重心回移，兩手向斜下方回捋至小腹前，前腳蹬地回收。右手外旋，左手內旋，兩手心相對。兩手相合上提至胸。同捋擠勢。

（3）前腳擦地前蹬，兩手快速向前擠出，發一整力，目視遠方。同捋擠勢。

二按：（參看雙手立圓雙按掌）

（1）兩手前伸，手心向下。

（2）重心回移，兩手由前微向上、向裏弧形收至胸前，前腳擦地稍回收，塌腕。

（3）兩手下按至腹前，弧形向前、向上快速按出，前腳擦地前蹬，意在掌根，發一整力，目視遠方。

說明：此手法是練習快速發力、發一整力的方法，更是練自身完整一氣的好方法。可以雙手擠，也可以雙手打按。勿等閑視之。

【要點】

①捋時身、手、腰、腳與吸氣要協調一致。

②向前擠或按時，身、手、腰、腿、腳；意、氣、力、神要合一，快速完整，氣要始於丹田，小腹鼓盪。捋時吸氣要長。向前發力時，呼氣短促快速。

【易犯錯誤】

發力不整，腳手不合，意氣力不整，基本功不夠。

第六節　太極推手練習方法

太極推手是知人的功夫，要想知人先要練己，要想練己，先要從人。常言道：「從人則活，由己則滯。」推手的幾種手法是練自身的有效方法，太極推手是一個認識實踐熟練的過程，要練手的靈活性、隨意性，意念指導行動，做到意到手到、氣到力到，周身合一是我們追求的目的。

初級階段先練手與手的配合、手與腿的配合，繼而練習手與腰的配合、手與眼神的配合，最後達到全身一致，周身合一，這是一步一步要追求的。先練化，先練從人，能從人就能化，能化就能發。能捨己才能從人，而以心行氣務令順遂，又是從人的先決條件，如果捨己從人都做不到，還談什麼人不知我、我獨知人呢？

一、練習太極推手的順序

1. 定步推手

（1）平圓單推手；（2）立圓單推手；
（3）折疊單推手；（4）平圓雙推手；
（5）折疊雙推手；（6）四正手。

2. 活步推手

（1）活步進三退三（一）（二）；

（2）活步退三退二；

（3）大将（一）（二）。

二、太極推手的練習方法

預備勢（起勢）

二人面對面站立，各自將兩臂握拳平舉，與肩等高，拳面相交為準，然後將手放下（此距離為二人較適宜的間隔，在初級階段使用，習慣後可搭手自由調整）。（圖4-22、圖4-23）

圖 4-22

圖 4-23

1. 搭手

（1）單搭手方法

二人半面向左轉，以左腳跟為軸，腳外撇45°。屈膝，重心移於左腿，右腳前邁一步，二人腳心相對，踩在同一

條橫線上，相距 10 公分；各出右手，腕部相交，手心向裏，高度齊胸部，各含掤力，力不可過大或過小，以相互接觸為準，左手自然下按於左胯旁。搭手開始即是聽勁的開始，單手只有掤和按兩種手法。此為單搭手方法。（圖 4-24～圖 4-27）

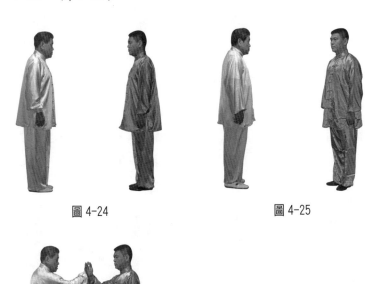

圖 4-24　　　　　　　　　　　　圖 4-25

圖 4-26　　　　　　　　　　圖 4-27

（2）雙搭手方法

二人右腕部相搭，左手扶於對方肘部，各含掤力。此為雙搭手方法。（圖 4-28～圖 4-31）

圖 4-28

圖 4-29

圖 4-30

圖 4-31

2. 單手平圓（平圓單推手）

甲乙二人單搭手。（圖 4-32）

甲：前按。重心稍回移，微向
右轉體，右手內旋，轉掌心向前，
成立掌，弓腿前按。

乙：回掤捋帶。掤，承甲之按
力，邊掤邊往回移重心，掌指超過

圖 4-32

自己中心時，成捋帶，轉腰翻掌變掌心向外，使甲來力落空。（圖 4-33～圖 4-35）

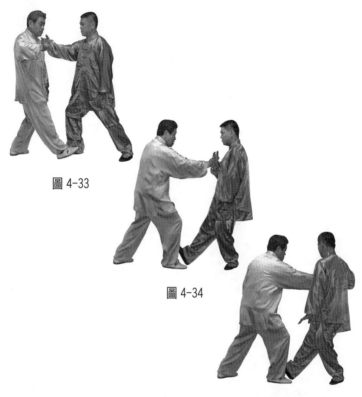

圖 4-33

圖 4-34

圖 4-35

　乙：前按。成立掌弓步向前，弧線向甲之胸部按去，沉肩墜肘。（圖 4-36）

　甲：回掤捋帶。重心後移，變掤，承接乙之按力，邊掤邊往回移重心，當掌指超過自己中心時，變捋帶，轉腰翻掌變掌心向外，使乙來力落空。完成一個循環。（圖 4-37）

圖 4-36 圖 4-37

【要點】

弓腿手前按，回坐變掤，手心向裏。一掤一按往返循環，各在胯旁翻掌。翻掌時轉腰收胯。

前按的人要稍主動，弓腿前按，弓腿完成，手前按完成。掤的人往回移重心稍被動一點，聽前按人的進攻速度與力度，不要自己主動回撤。要求身體中正，全身放鬆，精神集中，內斂，細心聽勁。沉肩墜肘，兩臂放鬆，速度均勻，鬆腰鬆胯，弓步盡量要大，臂要盡量前伸，更要根據自己功夫而定。

【易犯錯誤】

前俯後仰，扭胯凸臀，手和腿不協調，沒有捋帶之意。力量過大或過小，與對方脫離或頂撞，運轉幅度太小，弧線沒有在自己的正中心上，偏於一側。

3. 單手立圓（立圓單推手）

甲乙二人單搭手。（圖 4-38）

此功法二人所畫路線是在身體前側畫一立圓，手法為

圖 4-38

圖 4-39

圖 4-40

圖 4-41

掤、按兩手。

甲：按乙肋部。後坐重心，向後轉腰旋腕，上提右手內旋轉手心向外，向前下攻乙右肋側。（圖 4-39～圖 4-41）

乙：掤腕回引。邊掤邊往回移重心，轉腰收胯旋腕上提。（圖 4-42、圖 4-43）

乙：向前推按。右手內旋轉手心向外，弓右腿向前推按甲右側面部。（圖 4-44）

甲：掤腕回引。旋腕上提至右肩側變按（圖 4-45）。如此完成一個循環，可反覆練習。

圖 4-42

圖 4-43

圖 4-44

圖 4-45

　　註：甲乙相互往返推按和化解，但也可改變相互進攻部位，乙按甲面，甲按乙肋，作反向輪。但改變時應在腰間變換進攻手法。

　　【要點】

　　此手法甲按乙肋，乙按甲面，二人在各自體側貼身畫一立圓，不準離身太遠。甲貼面旋腕化解，乙貼肋旋腕化解。

　　弓腿前按，坐腿回掤，轉腰、旋腕翻掌、收胯要同時完成。手所畫路線盡量貼近身體，上邊靠面額翻掌，下邊

靠腰肋翻掌，不要往外推按，手所走路線成立圓。主要訓練前進後退的幅度及轉腰收胯的協調性。

【易犯錯誤】

幅度不夠，不是側立圓；手往外推按，翻掌過早，沒有貼住對方旋腕；身體不正，扭胯扣膝，身型歪扭。

4. 單手折疊（折疊單推手）

甲乙二人單搭手。（圖4-46）

圖4-46

甲：下按插肋。翻掌由掤變按，弓右腿，向前向下插乙肋，掌心斜向下（拇指向下）。（圖4-47、圖4-48）

乙：回掤旋腕。重心回移向右轉腰，右手內旋轉掌心向外上提至肩，將甲之來力化空，再弓腿向前下方插甲肋。（圖4-49、圖4-50）

甲：旋腕上提。重心回移，向右轉腰，右手內旋，轉掌心向外，旋腕上提至肩，將乙之來力化空（圖4-51）。如此完成一個循環。

圖 4-47

圖 4-48

圖 4-49

圖 4-50

【要點】

二人手所畫路線為「8」字形。弓腿前下按,回坐翻掌,轉腰旋腕上提,要協調一致。訓練部位:腰、手、腕部的協調性。身體要中正,精神要飽滿,此手法是鍛鍊腰部的好方法,要多練習,定有好處。

圖 4-51

【易犯錯誤】

低頭貓腰，身體左歪右斜，前進後退幅度小，力量過大或過小，腰手胯不協調，沒有貼身畫弧。

5. 雙手平圓（平圓雙推手）

甲乙二人雙搭手。（圖4-52）

甲：前按。右手微向回旋腕，轉掌心向前，右手按於乙之腕部，左手按於乙之肘部，兩手均成立掌（手心向前，掌指向上），弓右腿，雙手向前、向上弧形按向乙之胸部。（圖4-53、圖4-54）

圖4-52

圖4-53

圖4-54

乙：回掤。右手含掤力，邊回坐邊向右轉腰，以腰帶肘，旋腕變挒帶，使甲之來力落空。（圖 4-55）

乙：前按。右手按於甲腕部，左手按於肘部，成立掌，弓右腿，雙手向前、向上弧形按向甲之胸部。（圖 4-56）

甲：回掤。旋腕，轉掌心向裏變掤，重心邊回坐邊轉腰，收胯旋腕轉掌心向外，使乙之按力落空。以此循環相互推按與化解。（圖 4-57）

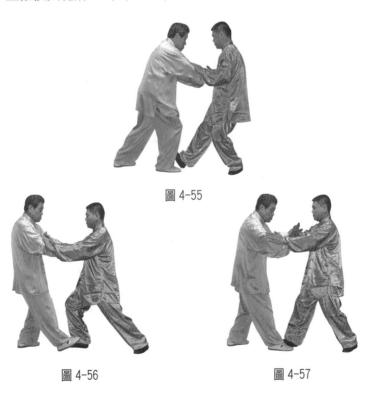

圖 4-55

圖 4-56　　　　　　　　圖 4-57

【要點】

二人既不頂撞，又不脫離，你來我往，你進我化，沾連不脫。

【易犯錯誤】

前進後退幅度過小，轉腰不夠，兩手脫離，或相互頂撞，貓腰凸臀，轉腰過早，或不轉腰，腰與手不協調。

6. 雙手折疊（折疊雙推手）

甲乙二人雙搭手。（圖 4-58）

甲：向前下按。微回帶，旋腕轉掌心向外，弓右腿，雙手向前下方切按乙之肋部。（圖 4-59、圖 4-60）

圖 4-58

圖 4-59

圖 4-60

乙：回掤。承甲之來力，回坐鬆腰收胯，旋腕垂肘，隨即旋腕上提，至右肩前，弓右腿，雙手向前下方切按甲之肋部。（圖 4-61、圖 4-62）

甲：旋腕上提。甲承乙之前按，鬆腰收胯，旋腕垂肘，隨即旋腕上提，至右肩前（圖 4-63）。二人相互做往返循環運動。

圖 4-61　　　　　　　　　　　　　圖 4-62

圖 4-63

【要點】

要鬆腰、收胯、旋腕協調一致，二人所畫路線是一個「8」字形，身體要中正。要與對方相合沾連黏隨，多走腰、胯，以腰帶動兩手。

【易犯錯誤】

頂撞，身型不正，扭胯歪臀，不協調，不連貫，弧線不對。手沒有貼身，不是以腰帶肘，以肘帶手。

7. 四正手

甲乙二人雙搭手。（圖4-64）

甲：掤捋。重心回移向右轉腰，翻掌由掤變捋，方向為斜上方。（圖4-65）

乙：擠。弓右腿擠。弓右腿順甲之捋，左手由甲肘部向自己右腕部打擠，擠向對方胸部。（圖4-66）

圖4-64

圖4-65

圖4-66

甲：按。接左手向前推按。用扶肘之左手去按乙打擠之左手的腕部，右手接肘部弓腿向前推按。（圖4-67）

乙：掤捋。左手心向裏變掤，向回移重心，邊往回移邊向左轉腰，翻掌變捋。（圖4-68）

甲：擠。弓腿前擠。左手變掌心向裏，用右手向自己左手腕部打擠，擠向對方胸部。（圖4-69）

乙：按。接手前按。用右手接對方打擠之手腕部，左手扶於肘部，弓步前按。（圖4-70）

圖4-67

圖4-68

圖4-69

圖4-70

甲：掤捋。右手心向裏，變掤，重心後移，向右轉腰翻掌變捋。（圖4-71）

乙：擠。弓腿變擠（圖4-72）。如此往返。

圖4-71　　　　　　　　　　　圖4-72

註：你掤我捋，我捋你擠，你擠我按，我按你掤，我再按你再捋，你捋我擠。我擠你按，你按我掤，你再按我再捋。以此循環，千變萬化。

個人手法順序，掤、捋、按、擠。二人手法順序，掤、捋、擠、按。弓腿向前，用按和擠兩手。弓腿完成擠完成。回坐向後，用掤和捋兩手，坐腿完成捋完成。

【要點】

把各個手法做真實到位。前進後退幅度盡量要大，要協調一致。這四手是基礎，要做得好很不容易，唯有多練。

拳論講：「掤捋擠按須認真，上下相隨人難進，任他巨力來打我，牽動四兩撥千斤。」又說：「掤捋擠按只四手，須費功夫仔細求。」

【易犯錯誤】

腳手不合，手法不正確，手法不到位。前進後退幅度太小。

8. 活步進三退三（一）

二人可以先打輪畫四正手。想變活步者，進攻「按手」時抬前腳，另一個後撤者「掤手」，同時抬後腳。（圖 4-73～圖 4-75）

圖 4-73

圖 4-74

圖 4-75

甲：前按時，抬起前腳隨即落下，邊按邊向前邁後腳，之後再將後腳向前邁一步，連同第一步，共上三步，最後打擠，弓步完成。（圖 4-76～圖 4-78）

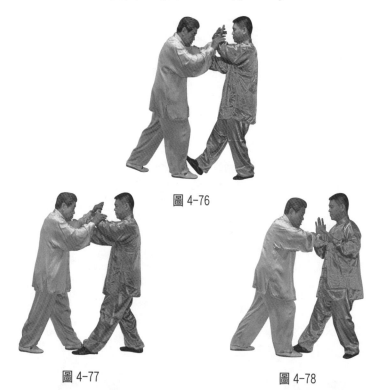

圖 4-76

圖 4-77

圖 4-78

當甲抬起前腳的同時，乙掤，並抬起後腳隨即落下，甲落前腳，乙落後腳。甲前邁一步，乙後撤一步，甲將後腳向前邁，落於乙之前腳內側，二人腳併齊。乙邊掤邊後坐變捋，甲邊按邊弓步變擠。

同樣，乙前按，抬前腳隨即落下，邊按邊向前邁後腳，再將後腳前邁一步，連同第一步，共上三步，最後打擠，弓步完成。（圖 4-79～圖 4-84）

圖 4-79

圖 4-80

圖 4-81

圖 4-82

圖 4-83

圖 4-84

乙抬前腳的同時，甲掤，抬起後腳隨即落下，乙落前腳，甲落後腳。乙前邁一步，甲後撤一步，乙將後腳向前邁，落於甲之前腳內側，二人腳併齊。甲邊掤邊後坐變捋，乙邊按邊弓步變擠。

注意，甲前按共向前邁三步（含第一步，空抬空落），變弓步「擠」（共有按、擠兩手）。

乙掤回撤共向後撤三步（含第一步，後腿空抬空落），回坐變「捋」（共有掤、捋兩手）。反之亦然。

【要點】

四正手熟練之後再練活步，手法和步法要協調一致。二人腿要同時抬起同時下落，甲抬前腿乙抬後腿。甲前邁，乙後撤，甲弓步，乙回坐。甲乙二人向前進向後撤，無論前進後退均是直線。

甲前進有兩手「按和擠」。

乙後撤有兩手「掤和捋」。

甲乙二人手動腳動，手停腳停，協調一致。

【易犯錯誤】

手法不清。上步和退步大小不一，兩腳相距寬窄遠近不等。身法歪斜不正。手法和步法不整齊、不協調，低頭看地。

9. 活步進三退三（二）

同「進三退三（一）」。二人可以先打四正手。想變活步者，打「按手」時抬前腳，插向對方前腳外側。只變前腳一次，其餘步法均與「進三退三（一）」相同。

甲乙二人雙搭手。（圖 4-85）

　甲：前按時，抬起前腳，插向乙前腳外側，邊按邊向前邁後腳，再將後腳前邁一步，落於乙前腳內側，弓步打擠。（連同第一步，共上三步）。（圖 4-86～圖 4-89）

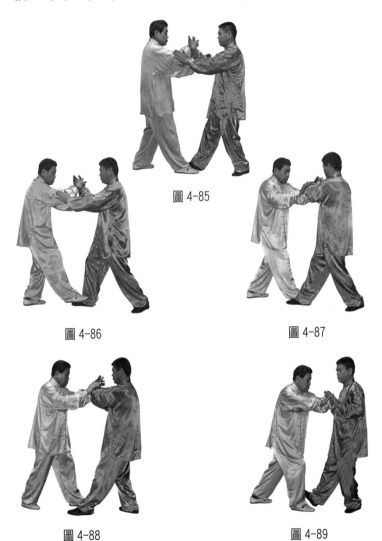

圖 4-85

圖 4-86

圖 4-87

圖 4-88

圖 4-89

圖 4-90

圖 4-91

圖 4-92

甲抬前腳向前按的同時，乙承甲之前按用掤勁，並抬起後腳隨即落下，甲落前腳，乙落後腳。甲前邁一步，乙後撤一步，甲將後腳向前邁一步，落於乙前腳內側，二人腳併齊。乙邊掤邊後坐變捋，甲邊按邊弓步變擠。

乙與甲勢變化相同（圖 4-90～圖 4-92）。文字從略。

【要點】

甲第一步抬起腳，由乙前腳內側落於外側，只變化了這一點，其餘步法都與活步進三退三相同。要注意的是，甲向外插一步，乙後退時則應向側後方退去，形成一個角度，這樣二人往返幾個來回就形成一個圓周形，增強了推手的趣味性。

【易犯錯誤】

向前插步的腳要貼近對方腳外側，不要過遠；後退的人向側後方撤不要過大，只是形成向後斜的一條切線，不要每一步都向後移，身體要中正，步伐要穩定、要協調。

10. 活步進三退二

甲乙二人雙搭手。（圖 4-93）

甲：將左腳提起，從乙右腳外側落至乙右腳內側。乙右腳不動。兩腳平行成順步。（圖 4-94）

甲上步按，甲右腳向前上一步，落到乙左腳外側，乙右腳向後撤一步，掤。（圖 4-95）

甲上步擠，甲左腳再向前一步落到乙右腳內側，弓步擠。乙左腳再向後撤一步，捋。（圖 4-96）

圖 4-93

圖 4-94

圖 4-95

圖 4-96

圖 4-97

乙按甲右臂，乙將右腳由甲左腳外側提起落於甲左腳內側，甲右腳不動。（圖 4-97）

乙上步按，乙左腳向前一步，落到甲右腳外側。甲左腳向後撤一步，掤。（圖 4-98）

乙上步擠，乙右腳向前一步，落到甲左腳內側，弓步擠。甲右腳向後撤一步，捋。（圖 4-99）

圖 4-98

圖 4-99

【要點】

此功法甲乙二人一人左腳在前，一人右腳在前，前腳在外側的人，先由外側移到內側再上兩步。退後的人只退了兩步。前進之人的手法是按、按、擠。後退之人是掤、掤、捋。

【易犯錯誤】

步法大小不一、寬窄有錯，手法和步法不協調、不完整。身形不中正，低頭看地。

11. 大捋（一）

甲乙二人成單搭手式：右腕相搭，右腳在前。（圖 4-100）

甲撤步；乙上步：甲右腳後撤半步，與左腳成併步，左手向上扶於乙右臂肘關節。乙上左步，與右腳成併步。（圖 4-101）

甲撤步捋：甲右手握乙腕部外旋，右腳向右後方撤一步，捋乙上臂。（圖 4-102）

圖 4-100

圖 4-101

圖 4-102

乙上步：乙左腳前邁落到甲身前。（圖 4-103）

甲採挒：甲順乙上步，右手握乙之腕部，左前臂貼於乙上臂，向斜下採挒，成馬步。

乙肘靠：乙隨甲採挒時趁勢上右步，插於甲襠內，用右上臂順勢向甲左胸部進靠，左手扶於右肘內側以助力，成丁馬步。（圖 4-104）

甲上步按掌：甲左手扶乙左腕，右手扶於乙左肘部向前按掌，左腳由乙右腳外向內側插步，同時雙手向前按掌。目視乙面部。（圖 4-105）

圖 4-103

圖 4-104

圖 4-105

乙甲併步：乙見甲上步，隨即向後撤回右腳成併步，甲順勢上右腳與左腳併攏，二人均成併步，搭手。（圖4-106）

乙撤步挒：乙順甲之前按向左轉體，撤左腳。左手握甲左腕外旋，右前臂扶甲左上臂。（圖4-107）

甲上步：甲順勢向乙身體前方上右步。（圖4-108）

乙採挒：乙順甲上步，左手握甲腕，右前臂貼於甲上臂，向斜下方採挒，用右前臂滾挒甲之左上臂成馬步。

圖 4-106

圖 4-107

圖 4-108

甲肘靠：甲隨乙採捌趁勢上左步，插入乙襠內，用左上臂順勢向乙胸部進靠。右手扶於左肘內側以助力，成丁馬步。（圖4-109）

乙按掌上步：右手扶甲右腕，左手扶肘部，向前按掌，同時右腳由甲左腳外側向內側插步，雙手同時前按掌。（圖4-110）

甲乙併步：甲見乙上步，隨即向後撤回左腳與右腳併攏，乙順勢上左腳成併步。（圖4-111）

圖4-109

圖4-110

圖4-111

12. 大捋（二）（帶挒掌）

甲乙二人兩腳併攏，成搭手勢。（圖 4-112）

甲撤步捋：甲右手握乙右腕外旋，右腳向右後方撤一步，捋。（圖 4-113）

乙上左步：乙隨甲撤步捋，左腳前邁落到甲身前。（圖 4-114）

甲採挒：甲順乙上步，右手握乙腕，左前臂貼於乙上臂向斜下方採挒成馬步。

圖 4-112

圖 4-113

圖 4-114

乙肘靠：乙隨甲採捌，趁勢上右步，插入甲襠內，用右上臂順勢向甲胸部進靠，左手扶於右肘內側以助力，成丁馬步。（圖4-115）

圖4-115

甲打捌掌：甲用左手按於乙腕，右手離開乙腕部向外向上向裏走一弧形，用掌搧向乙左面部。（圖4-116）

乙迎架：乙用右臂上揚擋住甲之捌掌。（圖4-117）

乙後撤：乙迎架後，隨即右腳後撤一步與左腳併攏，右手搭於甲之右腕部，左手扶於肘部。

圖4-116　　　　　　　圖4-117

甲上步：甲順乙撤步，隨即上右步與左腳成併步，右腕與乙右手相搭，左手扶於肘部，對面站立。（圖4-118）

乙撤步挒：乙右手握甲腕部外旋，右腳向後方撤一

步，向斜下方打挒。（圖4-119）

甲上步：甲順乙右腳後撤，趁勢左腳前邁落到乙身前。（圖4-120）

乙採挒：乙順甲上步，右手握甲腕部，左前臂貼於甲之上臂，向斜下方採挒成馬步。

甲肘靠：甲隨乙採挒，趁勢上右步插入乙襠內，用右上臂向乙胸部進靠，左手扶於右肘內側以助力，成丁馬步。（圖4-121）

圖4-118　　　　　　　　圖4-119

圖4-120　　　　　　　　圖4-121

圖 4-122

圖 4-123

圖 4-124

乙打捌掌：乙用左手按於甲腕，右手離開甲腕，向外、向上、向裏走一弧形，用掌搧向甲左面部。（圖4-122）

甲迎架：甲見乙打來，用右臂上揚擋住乙之捌掌。（圖4-123）

甲後撤：甲迎架後，隨即右腳後撤一步與左腳併攏，右手腕搭於乙之右腕部，左手扶於肘部。

乙上步：乙順甲撤步，隨即上右步，與左腳成併步，右腕與甲腕部相搭，對面站立。（圖4-124）

大捋的兩種做法：

1. 大捋：即採捌＋肘靠，二人不換位，又叫「丁拐」。

2. 加仆面掌大捋：二人這樣就可換手換位，再採捌、肘靠。

大捋手法都很簡單，容易掌握，但過去一些老拳師視為珍品，不輕易傳人，所以知之者甚少。有些人追求終生，未能如願。

【要領】

1. 身型要中正，全神貫注，被捋之人一定要和上手配合默契。一定要等打捋之人撤出第一步以後，

自己再上第一步。被捯之人根據打捯之人撤步的大小和角度方位，再決定自己邁出第一步的大小和方位，否則第二步不是大就是小，不是遠就是近，易成背勢。

2.打捯之人採捯完成，被捯之人肘靠完成，二人要協調一致，起伏要小。

【易犯錯誤】

步法過大或過小，位置不準。起伏過大。快慢不合，步法不合，手法不合。

三、太極推手三步功

太極推手是太極拳運動的重要組成部分，是提高太極拳套路、練習攻防的最好方法。要想練好太極推手，應以理論為指導，多練沾連黏隨，多練化，少練發，多練自己。太極推手和拳架一樣，要立身中正安舒，頂頭豎項，鬆腰鬆胯，全身放鬆，鬆而不懈，穩定重心，沉肩墜肘，含胸拔背，虛領頂勁，提起全副精神，分清虛實。周身輕靈，以腰為軸，帶動四肢，要周身一家。按照沾連黏隨的原則，以掤捯擠按的手法，認真地練習，定能逐步提高，收到好的效果。

總之，要練好太極推手，應從以下三步功夫去追求：

1. 重視基本功的練習，先易後難

要循序漸進，按部就班，從初級到高級，從簡單到複雜。先求開展，後求緊湊，不要急於求成，不要貪多求快。先從單手開始，再練雙手，先練定步，再練活步。

每一個手法有每一個手法的特點和用處，每一個手法能出每一個手法的功夫和勁力，要細心體會，認真研究與分辨。如單手平圓，要盡量把圈畫大、畫圓、畫真，把每一個手法交待清楚。又如四正手，拳論講「掤捋擠按只四手，須費功夫得其真」，又說「掤捋擠按須認真，上下相隨人難進，任他巨力來打我，牽動四兩撥千斤」。都說明四正手的難度和重要性。

推手的手法都是相生相剋，沒有主次，掤剋按，按剋擠，擠剋捋，捋剋掤。

你按我捋，我捋你擠，你擠我按，我按你掤，我再按你再捋，週而復始。你來我往，你進我化，相互間既不脫離，又不頂撞，既沉著又靈活，沾連不脫。前進腿盡量前弓，手臂盡量前伸，後退腿盡量後坐，鬆腰、收胯、轉腰、手臂盡量向後順展，不可抵抗要順隨。要不先不後，不過不及，恰如其分，處處吻合。久而久之，既鍛鍊了樁步，又鍛鍊了反應和知覺，也鍛鍊了周身的協調性。

鍛鍊腰與腿、手及周身的相互配合的協調，叫練自身、修碉堡。

這一段主要還要：

①練樁步。練樁步是為了提高自身的穩定性和隨欲平衡性。

②練手法。即練習掤捋擠按和勁力。

③練協調性，練腰、腿、手的協調性和隨意性，練縫兒，練前進後退的幅度。

2. 練聽力，練反應，練周身輕靈求懂勁

（1）聽力、反應、懂勁，全在沾連黏隨而出

克服「頂匾丟抗」，才能練出感覺，練出反應，也就是練出「聽力」。拳論講「周身輕靈求懂勁」，看來輕靈在先，否則聽不出來。又說「彼不動，己不動，彼微動，己先至」，又叫「後發先至」。

太極推手講後發先至，一般不先出手，講「順勢借力」，有時先動也是「問勁」，屬於假手。又講「急來急應，緩來緩隨」「能在一思進，不在一思存」「彼挨我之皮毛，我之力已入彼之骨裏」，都是說的反應感覺變化，聽力快、判斷準確的結果。還要處處穩定自身求輕靈，求運化，求懂勁，練各種各樣的手法勁力，練發放。

太極拳是推手的基礎，練單手是出功夫的關鍵，所以把練套路、練推手、練單式子三者結合起來練習，定能受益匪淺。只練任何一種都不會得到全面發展，難以成為「高手」「妙手」。

（2）練樁功

為了向高層次發展，還要練樁功，練穩定性，練發放。練樁功的方法很多，如練單勢：提手上勢、手揮琵琶、野馬分鬃、形意拳、三體式等，應兩條腿交替練習。

（3）練發力

可練弓步按掌、挒擠勢，練單手是出功夫的關鍵。先練慢，待上下相隨後再練快，將動作練「整」後，再加到實際當中去。總之，要求整勁，求周身一家，求上下相

隨；求內外相合；求腰腿手齊到；求腳手齊到。

正如拳論講，「勿使有缺陷處，勿使有凹凸處，勿使有斷續處，由腳而腿而腰總須完整一氣」。意念要配合動作，意念要長要遠，要專注一方，力求迅發，兵貴神速。求打透「發遠」。

3. 懂勁後越練越精，階及神明

懂勁後才知順背，知順背才能及時轉背為順，立於不敗之地，觸手便占先上先，達到「周身輕靈神貫頂」「一羽不能加，蠅蟲不能落」「人不知我，我獨知人」「明緊湊講尺寸」「知其數明其理，漸至隨心所欲，階及神明」。

總之，由生到熟，由熟到巧，由巧到得心應手，由得心應手到隨心所欲。這是事物的普遍規律。

以上三步功、三個階段，相互影響，相互牽連，相互制約，請大家一定要按部就班，循序漸進。正如老子所說，「合抱之木，生於毫末；九層之臺，起於累土；千里之行，始於足下」。不要急「功」近「利」，「輪」還沒有打好，就學「發人」，推推揉揉，這樣欲速則不達。按部就班，腳踏實地，反而要快。功夫是自身能量的增強，所以靠循序漸進，靠日積月累，理論加實踐，玩不得半點虛假和驕傲。切記！

功夫＝時間＋實踐＋汗水。

附　錄

附錄一　如何練好太極拳

劉慶洲

1. 鬆

鬆是練好太極拳的關鍵，是第一位的。鬆就是要全身放鬆，肌肉、關節全部鬆開。要想鬆得好，首先心理要放鬆，心理引導全身各部位放鬆。自頭、頸椎、肩、胸、脊背、腰、胯、肘、手、膝、踝、腳一直放鬆到湧泉穴。

身體的放鬆首先是腰胯的放鬆；臂的放鬆首先是肩的放鬆；手的放鬆首先是腕部的放鬆；頭的放鬆首先是頸椎的放鬆；背的放鬆首先是胸的放鬆。膝關節放鬆了，全身才能鬆到腳下，下盤才能穩固，只有下盤穩固了全身才能運轉自如。

鬆是練好太極拳的基本條件，在練的過程中，保持身體各部分自然舒展，排除不必要的緊張，只有正確地運用了鬆才能有利於掌握太極拳的其他要領，更好地體現太極拳的運動特點，提高健身功效。

鬆在技擊當中占有更重要的地位。在推手較量時，不管對方來自什麼方向和角度的力，自己都能隨時保持平衡和穩定，這都是鬆在其中的妙用。

「鬆柔」是「剛」的基礎，「鬆而不懈，沉而不僵」「有心練柔，無意成剛」。

2. 正

練拳要求「立身中正」「中正安舒」。中正首先要求頭頸正直，下頜微回收，尾閭中正。身體不偏不倚，不前俯後仰，不左右歪斜，不突臀，不腆胯，總之要全身鬆靜站立，舒適自然。身正則氣順；氣順則安神；安神則周身靈活；周身靈活則變化自如；變化自如則能應萬變；能應萬變則百戰不殆。

「低頭貓腰，拳藝不高」。只有頭部輕輕上領，精神才能提得起，精神能提得起則無遲重之虞。全神貫注是練好太極拳不可缺少的一環。

3. 圓

太極拳運動講圓，有人把太極拳運動叫「圓的運動」。動作的開合，兩臂都要求走弧線，不可直來直往。太極拳的合抱動作很多，如左右穿梭，兩手合抱要圓，要對稱，兩手心上下相對，抱於胸前，空間要盡量加大。動作時掌心由內往外翻轉或由外往內翻轉都形成了圓的形狀。太極拳動作處處走弧線，主要表現在兩臂的造型和運動路線上。這種圓有大圓、小圓、半圓、弧形等。

拳論講「似曲非曲，將展未展」「勿使有缺陷處，勿使有凸凹處」。所以要對稱，違反了圓的原則就是錯誤的。「曲化直法」，走曲線是為了運轉自如，便於化解。

正如機械中的萬向輪，可以隨意變化角度。同樣，太極拳運用了腰、胯、肩、肘、腕、膝各關節，相互配合，運轉自然，必然會收到良好的效果。

4. 慢

練太極拳要慢不要快，特別是初級階段，更不能快。太極拳的慢是由其特點決定的，慢中出功夫，慢能增加腿部力量，提高穩定性；慢能把各種手法做得更細緻、更充分。慢中出沾黏勁，慢可以發揮想像力，更好地運用意念，培養意念。慢能把各個動作表現得更細膩、更優美。慢確實是練好太極拳不可忽視的要領。

過去很多老拳師講「勁」講「味」，其實「味」就是一種勁力。拳論講：「運勁如抽絲，邁步如貓行。」形容練太極拳兩手之間分開、合攏要有一種拉不折扯不斷的勁力，好像兩手抻著一根橡皮筋，抻開縮回再抻開。各個動作不是空洞無物，必須做到「進退有阻，手中有物」。但慢容易出現「板」的現象，即呆板、不自然。快出散，動作交代不清。慢和「板」連著，快和「散」連著。我們要求慢而不「板」，快而不「散」，做到協調自然。

5. 穩

穩是穩定平衡，練拳走架不可忽高忽低，忽起忽落，除蹬腳、下勢等動作以外，應在一個水平線上，盡量減少起伏的次數和幅度。在變換虛實的過程中盡量把腰鬆下去，把胯穩住。總有一條腿彎曲，一條腿伸直，前進後退

是依靠兩腿屈伸互變來完成的。

穩定和腿的功夫成正比。太極拳經常是一腿承擔體重，另一條腿前邁或後撤，前腳逐漸踏實，原來承擔體重的一條腿再慢慢變虛，這樣就要求腿部要有足夠的承重力，以保證重心的穩定，避免起伏。只有腿上有了樁功以後，才能更好地談穩定，能穩定才能談自然，所以穩是練好太極拳必不可少的一條要領。另外，太極拳對上身如肘、肩也提出了要求，如肘不可上揚，起肘必起肩，起肩氣必浮，氣上浮則上重下輕，上重下輕則站立不穩。所以想要穩定，還要求全身的配合。

6. 勻

勻是均勻。練習太極拳速度要均勻，避免忽快忽慢，避免拳中速度突變。拳路路線有長有短，方向和角度各有不同，但要同時開始，同時完成，不能出現中途停頓、等待和追趕。手、腳、腰、腿均要協調一致，均勻連貫，以腰為軸，帶動四肢，同時起動，同時完成，是謂整齊。「勿使有斷續處」「一動無有不動，一靜無有不靜」。動則俱動，靜則俱靜。要求自始至終均勻連貫。

7. 沉肩垂肘、空腋

太極拳要求肩向下沉、肘向下墜，不准聳肩揚肘。這是為什麼呢？因為太極拳要求氣沉丹田，而只有沉肩垂肘、空腋才有助於氣沉丹田，氣沉丹田對養生有很大好處，並能下盤穩固。其次在武術的攻防上要保護肘部，不

造成兩肋的空檔，以保護好兩肋這個薄弱部位。

肩要自然向下鬆沉，好像兩肩要從肩部脫落下來。還要注意空腋，否則兩臂夾死運轉必然受到妨礙，不能靈活多變，將不戰自敗。

8. 含胸拔背

含胸和拔背是同時的，能含胸就能拔背。含胸不是凹胸，拔背更不是駝背。含胸就是胸部的肌肉自然鬆開，向兩肩擴散，所以有人叫寬胸也是可以的。怎麼做呢？深吸一口氣，再把氣呼出去，你可以試試是個什麼感覺，這就是含胸，氣已沉入丹田。能含胸自然能拔背，背部脊骨有向外、向上鼓盪之意。

含胸拔背在進擊上有其特殊的作用，不能含胸則發人不遠。太極推手的彈簧力全憑含胸拔背的變化，推手時的轉化也全憑含胸和腰部的變化完成。

9. 鬆腰鬆胯

鬆腰是很難做好的一大難題。腰為全身上下的樞紐，能鬆腰鬆胯才能運轉自如，下盤才能穩固。腰在一身當中起著重要的作用，拳論對腰部有多方面的要求和論述：

「腰部不鬆，上下不通。」「活潑於腰。」「其根於腳，發於腿，主宰於腰。」「練拳不活腰，終生藝不高。」「命意源頭在腰隙。」「腰為主宰，以腰為軸帶動四肢。」

這些都是論述腰的重要性。所以在練習太極拳時要注

劉慶洲 太極拳推手與 66式綜合太極拳

意腰和胯的放鬆。

在拳術中，腰是非常重要的一個大「關節」，能鬆腰上下才能脫開，才不至於被人一發而全身失重。在推手當中，經常看到有些功夫不深的人被人稍一牽動全身成一直棍東倒西歪任人擺佈，這是沒有鬆開的緣故。拳論講：「每見數年純功不能運化者，率皆自為人制，雙重之病未悟耳。欲避此病，必以腰腿求之。」

經常看到有人拳練得很死板、不靈活，那一定是他的腰動得太少，甚至於不動的緣故。「活潑於腰、靈機於頂。」凡是拳練得好的，他的腰肯定和動作配合得非常默契，眼神和動作配合得很好，他的頭肯定是微微上領的。

腰為全身上下的樞紐，腰不鬆，就會影響內勁的完整，這就是「主宰於腰」「刻意留意在腰間」的意思，持久練習就能達到「腰如車軸」「活似車輪」的意境。

10. 武德

武德歷來被習武者重視，「拳以德立，無德無拳」。在推廣競技武術和健身武術的同時，大力宣傳武術文化，厚德載物。「未曾學藝先學禮，未曾習武先修德」，尚武崇德是習武者的基本理念。武術的根本宗旨是自強不息，有了這種精神，一個人才會成為生活的強者，一個國家才會興旺發達。

附錄二　太極推手經驗談

劉慶洲

太極推手是太極拳的高級階段，其理深奧，其法微妙。很多人夢寐以求想探個究竟。

此法必須由兩個人按照一定的手法、步法你來我往，你進我化，先求開展，後求緊湊，先求定步，後求活步。以輕柔圓活的手法相互推挽，經過一段時間的練習，才能有所收穫，有所提高。

在學習中更需要有高人經常給予指點和幫助，才能少走彎路，盡快達到成功的彼岸。現以我個人學習推手的經驗總結出幾條注意事項和學習要點，供習者參考借鑒。

一、多推、多看、多聽、多思考

1. 多推

太極拳是實踐學，太極推手更是實踐學。只有多摸多推多聽，久而久之才能熟練，熟練以後才能產生一種自然反應，隨曲就伸，急來急應，緩來緩隨，與對方同步，不丟不頂，達到隨心所欲的境界。

太極推手可以說是經驗總結之談。太極拳每一個動作

都有一定的起止路線，必須遵守，不能任意胡畫。自始至終，自初級到高級均要按照一定的起止路線練習，這是練好太極拳的必要條件。

而太極推手則不然，最初要按照一定的手法，如掤、捋、擠、按、採、挒、肘、靠等，一定的步法，如進、退、顧、盼、定嚴格訓練，將自身各個手法、各個關節都練得非常隨意，任意屈伸，隨意緩急，這叫練自身。

將自身練到隨意之後，才可以作散手或不按掤、捋、擠、按順序進行，可以順勢捋採，向前可順勢擠按，總按對方之動順勢而去，順勢變換不同手法，總與對方的屈伸相一致、相吻合。

2. 多看

要想練好推手，還要多看。多看別人推手，多看別人推手也是看中學習，你可以看出別人的一些好的手法供自己學習和借鑒。

太極推手的手法細膩，千變萬化，所以要多看。常言道：「旁觀者清。」別人推，你在旁邊看，能看出一些門道，是一種學習的好方法，特別要多看一些高手推，收穫就會更大一些。

3. 多聽

我們經常看到有人在一起談論太極推手如何輸手，如何贏手，又如何變化手法，或講太極推手其理若何。這種談論，有的是談自己的體會，有的是談別人的體會，有的

是老師教弟子，難免吐出一些「金玉良言」，對你定有如獲至寶之感。

4. 多思考

多想，多實踐，多動腦子，多比較，找出差距，找出優劣，擇優而取，學無止境，積累多了才能產生一個飛躍，這個飛躍就能使你達到一個高峰。

二、高學、低練、平研究

1. 高學

在推手的人群中，總會分出高、中、低三個層次，在你自己學練推手中，初級階段比你高的人比較多，經過一段時間的練習，你可能達到中級階段、高級階段。

初級階段，與人推手難免出現頂撞，因為不能放鬆，不是有意而是無意中的自然反應，兩條胳膊僵直且硬，向前按時直著向前推，沒有弧形，不一會兒兩肩就疼痛難忍了。這是初級階段的必然反應。

這時要多向高人請教如何放鬆，各個手法如何才能做正確，如何防守，如何進攻，如何走弧線，如何化解，手法如何變換，何時變換為最佳等一系列問題，都需要逐一加強訓練和隨時改正錯誤。一個早晨兩個晚上是不可能全部掌握的，需要時日，切不可貪多求快、囫圇吞棗、草率行事。否則，推成習慣，再改就更難了。

最初，多練化、多練鬆、多練順遂，不要怕輸手，輸

手是基礎，越不怕輸越能鬆，越能鬆越能打，越能鬆越能化，越怕挨打身上越緊。切記多化，不緊張為好。

2. 低練

遇到比你水準低的人你要幫助他（她），還可以拿他練手。到一定程度自己掌握了一些要領，明白如何進攻，如何防守，就要練習用法。練習時用在比你高的人身上不好用，因為他會化解，水準低的人不會化，所以在他身上試手容易成功。

推手是實踐，只有實踐才能熟練，熟練才能準確，準確才能抓準時間和角度，所以遇到低手，除幫助他外，還可以利用他試試手。這樣精進得更快些。

3. 平研究

遇到和自己技術水準差不多的人，千萬不要「較勁」，用蠻力硬頂，非要分出高低輸贏。這樣既浪費時間，又消耗體力。相反，越頂越彆，越練越僵，倒不如相互餵餵手，研究研究手法，相互切磋一下：如何化解、如何進攻、如何防禦，自己經常輸的手法、不能化解的手法等。也可以相互餵手，你進攻我防禦，我進攻你防禦。化解不了可以慢一點讓他化，逐漸加快或轉敗為勝，由被動變化為進攻，這樣比相互頂撞更為好些。二人心平氣和地相互研究研究各種手法，這樣精進反而會更快些。

兩人功夫差不多，不相上下，可以相互頂一頂，練練椿步，增加點兒穩定性。練練「椿功」，練點兒臂力，練

一練基本功，這種練法也是在鬆的情況下完成的，不要用拙力，不要用蠻勁。

三、掄中路、占近點

在推手過程中，常見推了十幾年了，有時還是瞎跑手。什麼叫瞎跑手呢？就是不知道把手放在什麼地方合適，一會兒這兒，一會兒那兒，沒有準地兒。

一般時候一手占中路，一手占側面。但占中路之手要輕，不使對方反感，一手扶於側方。這樣的手法既可以進攻中路，又可隨時向側方引帶使對方失去中心。一手管中，一手管側，更便於變換角度、變換位置，找準重心。兩手都放在中心，這樣倒不好：面積太小，只有打擠。一手找對中心，另一手快速加力，集中一點發放而去打在中心上。雙手按時兩手要有一定距離，有相合之意、相捧之意，不讓其逃脫，隨其變化而變化。中路是對方的中心，進攻中路容易成功。有人一占中路心裏就緊張，這是必然的。占領了中路就占據了主動權，所以叫「掄中路」。

占近點，在兩人推手過程中，這一手連那一手、變換手法、接續手法是經常的事。但經常看到有些人接手，最近點不接，非要空著手繞遠去找遠地兒，所占之地又不是主要位置，這又何必呢？應該是推手雙方相互搭手，雙手者占優勢，單手方占背勢。

這就應該引起注意：若單手兩人都為單手，雙手兩人都為雙手，互不吃虧；若一人單手，一人雙手，單手方吃虧，雙手方占優勢。所以空手時間不宜太長，應盡快找到

一個接觸點，以穩定自己，並借以了解對方、控制對方。所以說空手時間應盡量縮短以減少被動，順勢占據一個地兒。所以叫「占近點」。

打四正手時，手法的變換有時要相斷，不是雙手，是一人單手一人雙手，這是不可避免的，但這時間不應太長，越短越好。還有，有時接手，不按一定順序接，要搶占優勢，要搶占主動。

太極推手講「後發先至」，就是後出發先到達，也就是在對方剛有動意之時，我已按對方之動先已到達優勢地位，這是取得先手的先決條件。切記！

四、重心要隨欲平衡

在太極推手過程中，重心平衡是非常重要的。平衡即不失其重心，重心偏移則站立不穩，東倒西歪，因此易被人牽動，被人利用。為了不造成背勢和被人利用的局面，所以要隨時隨地保持自己的中心穩定。

隨欲平衡就是自己的重心總是隨著對方的變化而變化。對方給我左邊加力，我則放鬆左邊，給其右邊加力；對方給我右邊加力，我則放鬆右邊，給其左邊加力。快慢和力度要和對方相等、相吻合，快了慢了都有問題。相互彌補缺陷，找補平衡，但是這種缺陷、平衡是同步的，是吻合的，或早或遲、或多或少均不為妙。但到後來總比對方少快少長，這是取得優勢所在。

太極推手是守「中」用「中」的運動，因此重心的穩定成了重中之重。太極推手又是相互利用、相互破壞對方

重心的運動，所以守住重心，維護好重心，穩定住自己的重心是非常重要的。「重心」問題是一個非常巧妙、非常複雜、非常棘手的問題，能解決這個問題則勝券在握，將立於不敗之地。

初級階段自己的重心總是不易穩定，前俯後仰、左歪右斜、東倒西歪，總是站立不穩，任人擺佈。隨著時間的推移逐漸穩定，這是一個過程。這個過程和自己放鬆程度有關；與聽勁的敏感程度有關；和推手的年限、實踐多少有關；與細心程度有關。總之推手是實踐學。

重心的穩定與自己的放鬆程度有關。我們常說重心「下沉」，如何下沉呢？沉到什麼地方去呢？要沉到腳下去。怎麼能沉到腳下去呢？

人身向下有三節關口：第一，腰部。練太極拳總說鬆腰鬆胯，腰胯是幹什麼用的呢？人身可分為兩大截：上身和下身，即上肢和下肢是以腰為界的，下身是穩定自身的，包括步型、步法，上身是管作用的。是不是能鬆腰就穩定了呢？還不全是，還要鬆到膝，再由膝鬆到腳，能鬆到腳，全身重心落到腳下，腳與大地產生呼應。常言道：腳要穩全靠大地「母親」，靠地下的堅實。再由腳返上來，叫由腳而腿而腰，再以腰催肘、肘催手，節節貫穿，一氣呵成。這就是拳論上所說，「其根在腳，發於腿主宰於腰，由腳而腿而腰，總須完整一氣」。

五、手不空去，手不空回

經常看到一些人，兩手總是畫來畫去，無所適從，不

知道要做點兒什麼，不明白「手」是幹什麼使的，怎樣使用。我們開始就學了掤、捋、擠、按，後又學了採、挒、肘、靠。這八種手法各有其用，又相互可以混合使用，向前有掤、擠、按掌，向回有捋帶，向斜下有採，向斜上有挒、捋，總之前後、左右、上下均有手法可用。

當然初級階段為了熟練手法，一定要按要求：每一手必求真實細膩，不可草率，否則到後來手法也不真實，成為「糙」手。

熟練手法是一個過程，手法越正確，手法越清楚越真實，到應用時效果越好。這又是一條真理。

手法到應用時，就不要瞎跑手了。真正高手，不輕易跑手，手不輕易移動，手放在一個地方，就要出手法、見效果。手放在一個位置上，盡量不使對方反感，不要讓對方感到有威脅有恐慌。這是為什麼呢？因你力大對方早有知覺反應，並且產生了一種反抗心理，有反抗心理就有了反抗力量。這叫作有「反意」必有「反力」。他有了反力，你再想戰勝他就要付出更多、更巧妙的辦法和更大的力量，否則就無法取得勝利。

手往前伸，不管放在對方什麼地方，你不要有意，有意必有力，力不要超過對方，超過對方，對方就要反抗，產生對峙。將手放在這兒只是等待，等待對方之動；對方動了我之後動，對方就聽不出來了，就可任我擺佈，必勝券在握。

向回是採捋，向前是按擠，不管是向前向回都要手、腰、腳、精氣神貫穿其中。手不管向前向回都不要走「空

手」，都要「捎著點兒」，高手手放在一個地兒就要出「輸」「贏」，所以叫「手不空去、手不空回」。

六、直來橫打，橫來直攻

太極推手經常出現的手法或勁力不外乎用直力向前推按或用橫力向側方引帶，這是最常見的簡單手法，雖然簡單，有時也很管用，很能奏效。

處理這樣的手法不要著急，對方若雙手按我胸部，我則放鬆下沉，用左手輕扶於對方按我胸部之手的腕部，不使其逃脫，用右手向右去橫力扶對方右上臂，還可以在對方向前按時，用左手拇指扶於對方右臂肘關節處下方，一手向右推其左上臂，這樣造成了右手無力，左手單推，成了偏沉，他越用力身體越歪斜，越不穩定。

這時可以對對方順勢發放，很能奏效。對方若用右手向左橫推我身體，我可直向前推他胸部，也可轉體向我左前方去斜力，都能奏效。

七、去是一條線，回是一大片

去是向前，是進攻，進攻是一條直線。拳論中講曲中求直，直就是直進對方中路，以保證進攻的順利完成。

向回是對方進攻我中路之機，他也想成一條直線，可我則想將其直線分散，不讓其集中而使其分散，藉以破壞其力的集中。分散時是將其兩手分散成一片，不使其集中，不能作用於我身。這種分散盡量不使其知曉，在動的過程中不知不覺完成，對方不易察覺。

八、椿步是關鍵，聽力是靈魂，反應是精髓

1. 椿步是關鍵

椿步的穩定是太極推手的重中之重。你自身都站不穩，如何能進攻別人。太極推手講四兩撥千斤：你先能承受千斤之力，不是千斤也得能承受幾百斤的重力，才能運轉自如、坦然應對。椿步的穩定決定了你的勝敗，進攻別人，有了椿步才能勁力充足、攻無不克。受人攻擊時，有了椿步才能承受重力，穩如泰山，坦然以對。

怎樣才能練出椿步呢？一是能放鬆，二是兩條腿必須前節有力。

如何才能兩條腿前節有力呢？一要多練拳，要慢，要練長套路，時間盡量長些；二要多推手，相互進攻，互相頂一頂，但要鬆，不要蠻力；三要多做一做形意拳的三體式或抓一抓劈拳，都對椿功的加強有好處。

拳論講「站如鬆」，就是練武之人兩腳站立時要和鬆樹生根一樣堅實穩定，不和一般人一樣飄浮無力。太極推手則要求兩條腿的穩定性，這是練好推手的關鍵。

2. 聽力是靈魂

聽是反應，是感知，是了解對方、掌握對方、戰勝對方的先決條件。要想聽得好，聽得靈，必須要鬆，接觸點要小，必須心靜體鬆，全神貫注，時時體察對方之動靜去向，是攻是守是真是假。有人稱高手為偵探。偵探必須深

入敵營，才能瞭如指掌，分毫不差。聽力與變化相聯繫，聽到了不變化就為被動，變化多了也為被動，應該是隨聽隨變，與對方吻合。高手時時借用對方變化，使對方處處變為被動，不用則已，用則時時可發，時時可打。

3. 反應是精髓

反應全靠聽力，靠感知，靠靈敏，靠經驗。有了反應才能變化，能變化才能由被動變為主動，由後手變為先手，變拙為巧，變為隨心所欲。

反應說白了就是「辦法」，辦法多種多樣，有巧有拙，與經驗有關，與時間長短有關，與自己對太極推手的理論認識深淺、粗細有關，與老師的啟蒙教導有關，與自己的領會程度有關，與自己的技術高度有關。總之，技術越深越純熟越巧妙，藝無止境。

附錄三　太極拳經典拳論選

註：為了便於學習太極拳相關知識，理論聯繫實際，我們從眾多拳論中，選錄了一些與推手有關的拳論，供大家參考和借鑒。

一、太極拳論（山右王宗岳著）

太極者，無極而生，動靜之機，陰陽之母也。動之則分，靜之則合；無過不及，隨曲就伸。人剛我柔謂之「走」，我順人背謂之「黏」。動急則急應，動緩則緩隨。雖變化萬端，而理唯一貫。由著熟而漸悟懂勁，由懂勁而階及神明。然非用力之久，不能豁然貫通焉。

虛靈頂勁，氣沉丹田，不偏不倚，忽隱忽現。左重則左虛，右重則右杳。仰之則彌高，俯之則彌深。進之則愈長，退之則愈促。一羽不能加，蠅蟲不能落。人不知我，我獨知人。英雄所向無敵，蓋皆由此而及也。

斯技旁門甚多，雖勢有區別，概不外乎壯欺弱，慢讓快耳！有力打無力，手慢讓手快，是皆先天自然之能，非關學力而有為也！察「四兩撥千斤」之句，顯非力勝；觀耄耋能禦眾之形，快何能為？

立如平準，活似車輪。偏沉則隨，雙重則滯。每見數年純功，不能運化者，率皆自為人制，雙重之病未悟耳！

253

欲避此病，須知陰陽；黏即是走，走即是黏；陰不離陽，陽不離陰；陰陽相濟，方為懂勁。懂勁後愈練愈精，默識揣摩，漸至從心所欲。

本是「捨己從人」，多誤「捨近求遠」。所謂「差之毫釐，謬之千里」，學者不可不詳辨焉！是為論。

二、釋原論（武秋瀛）

「動之則分，靜之則合」，分為陰陽分，合為陰陽合，大致情況如此。分合皆謂己而言。

「人不知我，我獨知人」，懂勁之謂也。揣摩日久自悉矣。

「引進落空」「四兩撥千斤」，合即撥也。此字能悟，真有夙慧者也。

「左重」「右重」「仰之」「俯之」，是謂人也。「左虛」「右杳」「彌高」「彌深」「愈長」，是謂己亦謂人也。「虛」「杳」「高」「深」「長」，人覺如此，我引使落空也。

「退之則愈促」，乃人退我進，促迫無容身之地也。如懸崖勒馬，非懂勁不能「走」也。

此六句，上下、左右、前後之謂也。

三、十三勢歌（王宗岳）

十三總勢莫輕視，命意源頭在腰隙。
變轉虛實須留意，氣遍身軀不稍滯。
靜中觸動動猶靜，因敵變化示神奇。

勢勢存心揆用意，得來不覺費功夫。

刻刻留心在腰間，腹內鬆靜氣騰然。

尾閭中正神貫頂，滿身輕利頂頭懸。

仔細留心向推求，屈伸開合聽自由。

入門引路須口授，功夫無息法自休。

若言體用何為準？意氣君來骨肉臣。

詳推用意終何在？益壽延年不老春。

歌兮歌兮百四十，字字真切意無遺。

若不向此推求去，枉費功夫貽嘆息。

四、十三總勢說略（武禹襄）

每一動，惟手先著力，隨即鬆開。猶須貫串一氣，不外起、承、轉、合。始而意動；既而勁動，轉接要一線串成。

氣宜鼓盪，神宜內斂；勿使有缺陷處，勿使有凹凸處，勿使有斷續處。其根在腳，發於腿，主宰於腰，形於手指。由腳而腿、而腰，總須完整一氣，向前退後，乃能得機得勢。有不得機得勢處，身便散亂，必至偏倚，其病必於腰腿求之。上下、前後、左右皆然。

凡此皆是意，不是外面，有上即有下，有前即有後，有左即有右。如意要向上，即寓下意。若將物掀起，而加以挫之之力，斯其根自斷，乃壞之速而無疑。

虛實宜分清楚，一處自有一處虛實，處處總此一虛實。周身節節貫串，勿令絲毫間斷。

五、十三勢行功心解

以心行氣，務令沉著，乃能收斂入骨；以氣運身，務令順遂，乃能便利從心。精神能提得起，則無遲重之虞，所謂「頂頭懸」也。意氣須換得靈，乃有圓活之妙，所謂「變轉虛實」也。發勁須沉著鬆靜，專注一方；立身須中正安舒，支撐八面。行氣如九曲珠，無微不到；運勁如百煉鋼，何堅不摧。形如搏兔之鶻；神如捕鼠之貓。靜如山岳；動如江河。蓄勁如張弓，發勁如放箭。曲中求直，蓄而後發。力由脊發，步隨身換。收即是放，放即是收，斷而復連。往復須有折疊，進退須有轉換。極柔軟然後極堅剛。能呼吸然後能靈活。氣宜直養而無害，勁宜曲蓄而有餘。心為令，氣為旗，腰為纛。先求開展，後求緊湊，乃可臻於縝密矣。

又曰：彼不動，己不動，彼微動，己先動。勁似鬆非鬆，將展未展，勁斷意不斷。又曰：「先在心，後在身。腹鬆氣斂入股」，神舒體靜，刻刻在心。切記一動無有不動，一靜無有不靜。牽動往來氣貼背，而斂入脊骨。內固精神，外示安逸。邁步如貓行，運勁如抽絲。全身意在精神，不在氣。在氣則滯，有氣者無力，無氣者純剛。氣若車輪，腰如車軸。

六、打手歌（王宗岳）

掤捋擠按須認真，上下相隨人難進。
任他巨力來打我，牽動四兩撥千斤。

引進落空合即出，沾連黏隨不丟頂。

七、十八在字訣

掤在兩臂，捋在掌中，擠在手背，按在腰攻；
採在十指，挒在兩肱，肘在曲使，靠在肩胸；
進在雲手，退在轉肱，顧在三前，盼在七星；
定在有隙，中在得橫，滯在雙重，通在單輕；
虛在當守，實在必衝。

八、太極拳八門五步說（郝月如）

入門手法，所屬臟腑及經絡竅位：

八字：掤、捋、擠、按、採、挒、肘、靠；

八卦：坎、離、震、兌、乾、坤、艮、巽；

方位：北、南、東、西、西北、西南、東北、東南；

竅位：會陰、祖竅、夾脊、膻中、性宮、肺俞、丹田、肩井、玉枕；

臟腑：腎、心、肝、肺、大腸、脾、胃、膽。

掤、捋、擠、按是四正之手，採、挒、肘、靠是四隅之手。合隅、正之手，得門、位之卦。以身分步，五行在意，支撐八面。

五行：進步火，退步水，左顧木，右盼金，定之方中土也。

夫進退為水火之步，顧盼為金木之步，以中土為樞機之軸。懷藏八卦，腳趾五行，手步八五，其數十三，出於自然。十三勢也，名之曰「八門五步」。

掤：屬坎，正北方，屬水，分布人身竅位為會陰，屬腎經。其姿勢：手臂在身前，由下向上為掤手。

練功時：以意引氣，由下丹田隨手之上掤而上行至上丹田。古人稱之為抽坎補離，使心、腎的二經之氣相通，水火既濟。

将：屬離，正南方，屬火，竅位為祖竅，屬心經。其姿勢：兩手臂前伸，而往回收叫将手。

練功時：意守於祖竅而回吸，手自然而将回身前。可調整心經所屬之臟腑機能。

擠：屬震，正東方，屬木，竅位為夾脊，屬肝經。其姿勢：手臂（主要是右手）手心向裏，手指朝外；另一手（左手）附於此手腕旁，由懷前向外推出。當推出時，前一手臂成半圓形為擠手。

練功時：意在夾脊，用意引氣，向對方擠出；左手自然隨之而擠出。可調整肝經所屬之臟腑機能。

按：屬兌，正西方，屬金，竅位為膻中，屬肺經。其姿勢：兩手心向下，由上而向下按為按手。

練功時：意在膻中，以意引氣向丹田沉降，手亦隨之向下按。以肺經之氣，補腎經之氣，以金生水。

採：屬乾，為西北方，屬金，竅位是性宮及肺俞兩處，屬大腸經。其姿勢：以手回抓為採。

練功時：意移性宮，以意引氣，由性宮向肺俞穴吸，並直下湧泉，手自隨之而抓，可調整大腸經而補腎經，以金生水。

挒：屬坤，為西南方，屬土，竅位為丹田，屬脾經。其

姿勢：抓住而擰為捯。

練功時：意守丹田，以意引氣，由丹田經兩肋上走性宮，可補肺金之氣，以土生金。

肘：屬根，為東北方，屬土，竅位為肩井，屬胃經。其姿勢：用肘向外靠射。

練功時：先蓄勁，即意移之丹田，以意行氣，由丹田向湧泉沉氣；當肘要向外射時，再以意引氣由湧泉上升，經尾閭，分由兩肋上引，經肩井、耳後高骨處到泥丸宮為止，遂即外射。可調整胃經機能，並降心經之火。

靠：屬巽，東南方，屬木，竅位為玉枕，屬肝經。其姿勢：以自己身體之有關部位，貼靠對方之身，使之不能得力，無論用膀、肘、肩、胯、膝等部位均可靠之。

練功時：以意引氣，由湧泉上至尾閭，經玉枕等小周天路線而轉，其勁主要由向外靠的部位發出。可調整肝膽經之機能。

五行步法，也叫五步法，所屬臟腑及經絡竅位：

五字：進、退、顧、盼、定；

五行：水、火、金、木、土；

竅位：會陰、祖竅、膻中、夾脊、中丹田；

臟腑：腎、心、肺、肝、脾。

進：是向前邁步，其竅位在會陰，腎經，屬水。當邁步時，意守會陰，以氣促向前進。

退：是向後退步，其竅位在祖竅，心經，屬火。當退步時，意在祖竅，以氣促身後退。

顧盼：顧是左顧，盼是右盼。所謂左顧右盼，不是向

左右看，而是以意引氣，分別著力於膻中，催身而轉動。反之，如果有人從右邊打來，即向右轉。轉身時，以意引氣，著力於夾脊，催身而轉動。

定：是中定，就站立不動（步不動，臂不一定；有時可能暫時不動，其實仍有小動而不易看出）。竅位在中丹田，脾經，屬土。練功時，重點意守丹田，並配合於臂動作而行氣。

九、八字歌

掤捋擠按世間稀，十個藝人十不知。
若能輕靈並堅硬，沾連黏隨俱無疑。
採挒肘靠更出奇，行之不用費心思。
果能沾連黏隨字，得其環中不支離。

十、八要

掤要撐，捋要輕，擠要橫，按要攻；
採要實，挒要驚，肘要衝，靠要崩。

十一、八法秘訣

掤勁義何解？如水負行舟，先實丹田氣，次要頂頭懸。
全身彈簧勁，開合一定間，任有千斤重，飄浮亦不難。
捋勁義何解？引導使之前，順其來勢力，輕靈不丟頂。
力盡自然空，丟擊任自然，重心自維持，莫被他人乘。
擠勁義何解？用時有兩方，直接單純意，迎合一動中。
間接反應力，如球撞壁還，又如錢投鼓，躍然聲鏗鏘。

按勁義何解？運用似水行，柔中猶寓剛，急發勢難當。
遇高則膨滿，逢窪向下潛，波浪有起伏，有孔無不入。
採勁義何解？如權之引衡，任爾力巨細，權後知輕重。
牽動只四兩，千斤亦可平，若問理何在？槓桿之作用。
挒勁義何解？旋轉若飛輪，投物於其上，脫然擲丈尋。
君不見漩渦，浪捲如旋紋，落葉墜其上，倏然便沉淪。
肘勁義何解？方法有五行，陰陽分上下，虛實須辨清。
連環勢莫當，開花捶更兇，六勁融通後，運用始無窮。
靠勁義何解？其法肩、背、胸，斜行勢用肩，肩中亦
有背。

一旦得機勢，轟然如山崩。仔細維重心，失中徒無功。

十二、四字秘訣（武禹襄）

敷：敷者，運氣於己身，敷布彼勁之上，使不得動
也。

蓋：蓋者，以氣蓋彼來處也。

對：對者，以氣對彼來處，認定準頭而去也。

吞：吞者，以氣全吞而入於化也。

此四字無形無聲，非懂勁後，練到極精地位者，不能
知全。是以氣言，能直養其氣而無害，始能施於四體。四
體不言而喻矣！

十三、撒放密訣（李亦畬）

擎：擎起彼身借彼力。（中有「靈」字）

引：引到身前勁始蓄。（中有「斂」字）

鬆：鬆開我勁勿使屈。（中有「靜」字）

放：放時腰腳認端的。（中有「整」字）

擎、引、鬆、放四字，有四不能：腳手不隨者不能，身法散亂者不能，一身不成一家者不能，精神不團聚者不能。欲臻此境，須避此病；不然，雖終身由之，究莫名其精妙矣！

十四、十六關要論

蹬之於足，行之於腿；縱之於膝，活潑於腰；靈通於背，神通於頂；流行於氣，運之於掌；通之於指，斂之於髓；達之於神，凝之於耳；息之於鼻，呼吸往來於口。渾噩一身，全體發之於毛。

十五、五字訣（李亦畬）

一曰心靜

心不靜則不專，一舉手前後左右全無定向，故要心靜。起初舉動未能由己，要細心體認，隨人所動，隨屈就伸，不丟不頂，勿自伸縮。彼有力，我亦有力，我力在先；彼無力，我亦無力，我意仍在先。要刻刻留意，挨何處，心要用在何處，須向不丟不頂中討消息。從此做去，一年半載便能施於身。此全是用意，不是用勁。久之，則人為我制，我不為人制矣！

二曰身靈

身滯則進退不能自如，故要身靈。舉手不可有呆像。彼之力方挨我皮毛，我之意已入彼骨內。兩手支撐，一氣貫串。左重則左虛，而右已去；右重則右虛，而左已去。氣如車輪，周身俱要相隨。有不相隨處，身便散亂，便不得力，其病於腰腿求之。先以心使身，從人不從己；後身能從心，由己仍是從人。由己則滯，從人則活。能從人，手上便有分寸。秤彼勁之大小，分釐不錯；權彼來之長短，毫髮不差。前進後退，處處恰合，功彌久而技彌精矣。

三曰氣斂

氣勢散漫，便無含蓄，身易散亂。務使氣斂入脊骨，呼吸通靈，周身罔間。吸為合，為蓄；呼為開，為發。蓋吸則自然提得起，亦擎得人起；呼則自然沉得下，亦放得人出。此是以意運氣，非以力使氣也！

四曰勁整

一身之勁，練成一家。分清虛實，發勁要有根源：勁起於腳根，主於腰間，形於手指，發於脊骨。又要提起全副精神，於彼勁將發未發之際，我勁已接入彼勁。恰好不先不後，如皮燃火，如泉湧出，前進後退無絲毫散亂。曲中求直，蓄而後發，方能隨手奏效。此所謂「借力打人」「四兩撥千斤」也！

263

五曰神聚

上四者俱備，總歸神聚。神聚則一氣鼓鑄，煉氣歸神，氣勢騰挪，精神貫注，開合有致，虛實清楚。左虛則右實，右虛則左實。虛，非全然無力，氣勢要有騰挪；實，非全然占煞，精神要貴貫注。緊要全在胸中、腰間變化，不在外面。力由人借，氣由脊發。焉能氣由脊發？氣向下沉，由兩肩收入脊骨，註於腰間，氣之由上而下也，謂之「合」；由腰形於脊骨，布於兩膊，施於手指，此氣之由下而上也，謂之「開」。合便是收，開即是放。能懂開合，便知陰陽。到此地位，功用一日，技精一日，漸至從心所欲，罔不如意矣！

十六、虛實訣

虛虛實實神會中，虛實實虛手行功。
練拳不諳虛實理，枉費功夫終無成。
虛守實發掌中竅，中實不發藝難精。
虛實自有實虛在，實實虛虛攻不空。

十七、走架打手行功要言（李亦畬）

昔人云：「能引進落空，能四兩撥千斤；不能引進落空，不能四兩撥千斤。」語甚概括，初學未由領悟，予加數語以解之。俾有誌斯技者，得所從入，庶日進有功矣！

欲要引進落空、四兩撥千斤，先要知己知彼；欲要知己知彼，先要「捨己從人」；欲要「捨己從人」，先要得

機得勢；欲要得機得勢，先要周身一家；欲要周身一家，先要周身無有缺陷；欲要周身無有缺陷，先要神氣鼓盪；欲要神氣鼓盪，先要提起精神，神不外散；欲要神不外散，先要神氣斂入脊骨；欲要神氣斂入脊骨，先要兩膊前節有力，兩肩鬆開，氣向下沉。勁起於腳跟，變換在腿，含蓄在胸，運動在兩肩，主宰在腰。上與兩膊相繫，下與兩胯、兩腿相隨。勁由內換，收便是合，放便是開。靜則俱靜，靜是合，合中寓開；動則俱動，動是開，開中寓合。觸之則旋轉自如，無不得力，才能引進落空，四兩撥千斤。

平日走架，是知己功夫。一動勢，先問自己：周身合上數項不合？少有不合，即速改換。走架所以要慢，不要快。打手，是知人功夫。動靜固是知人，仍是問己。自己要安排得好，人挨我，我不動；彼絲毫趁勢而入，接定彼勁，彼自跌出。如自己有不得力處，便是「雙重」未化，要於陰陽、開合中求之。所謂「知己知彼，百戰百勝」也！

胞弟啟軒常以球譬之：如置球於平坦，人莫可攀躋，強臨其上，向前用力——後跌，向後用力——前跌。譬喻甚明，細揣其理，非「捨己從人」、一身一家之證明乎？得此一譬，「引進落空」「四兩撥千斤」之理，可盡人而明矣！

十八、十三字行功訣

（一）十三字

掤、捋、擠、按、採、挒、肘、靠、進、退、顧、盼、定。

（二）口訣（七言十六句）

掤手兩臂要圓撐，動靜虛實任意攻。
搭手捋開擠掌使，敵欲還著勢難逞。
按手用著似傾倒，二把採住不放鬆。
來勢兇猛挒手用，肘靠隨時任意行。
進退反側應機走，何怕敵人藝業精。
遇敵上前迫近打，顧住三前盼七星。
敵人逼近來打我，閃開正中定橫中。
太極十三字中法，精意揣摩妙更生。

十九、十三字用功訣（七言十六句）

逢手遇掤莫入盤，沾黏不離得著難。
閉掤要上採挒法，二把得實急無援。
按定四正隅方變，觸手即占先上先。
捋擠二法趁機使，肘靠攻在腳跟前。
遇機得勢進退走，三前七星顧盼間。
周身實力意中定，聽探順化神氣關。
見實不上得攻手，何日功夫是體全？

操練不按體中用，修到終期藝難精！

二十、亂環訣（七言八句）

亂環法術最難通，上下隨合妙無窮。
陷敵深入亂環內，四兩千斤著法成。
手腳齊進橫豎找，掌中亂環落不空。
欲知環中法何在？發落點對即成功。

二十一、陰陽訣（七言八句）

太極陰陽少人修，吞吐開合問剛柔。
正隅收放任君走，動靜變化何須愁？
生剋二法隨著用，閃進全在動中求。
輕重虛實怎的是？重裏現輕勿稍留。

二十二、太極拳術十要（楊澄甫口述，陳微明筆錄）

1. 虛靈頂勁

頂勁者，頭容正直，神貫於頂也。不可用力，用力則
項強，氣血不能通流；須有虛靈自然之意。非有虛靈頂
勁，則精神不能提起也。

2. 含胸拔背

含胸者，胸略內含，使氣沉於丹田也。胸忌挺出，挺
出則氣擁胸際，上重下輕，腳跟易於浮起。拔背者，氣貼
於背也。能含胸則自能拔背，能拔背則能力由脊發，所向

無敵也。

3. 鬆腰

腰為一身之主宰。能鬆腰然後兩足有力，下盤穩固。虛實變化，皆由腰轉動，故曰：「命意源頭在腰隙」，有不得力，必於腰腿求之也。

4. 分虛實

太極拳術，以分虛實為第一要義。如全身皆坐在右腿，則右腿為實，左腿為虛；全身皆坐在左腿，則左腿為實，右腿為虛。虛實能分，而後轉動輕靈，毫不費力；如不能分，則邁步重滯，自立不穩，而易為人所牽動。

5. 沉肩墜肘

沉肩者，肩鬆開下垂也。若不能鬆垂，兩肩端起，則氣亦隨之而上，全身皆不得力矣。墜肘者，肘往下鬆垂之意。肘若懸起，則肩不能沉，放人不遠，近於外家之斷勁矣。

6. 用意不用力

太極拳論云：此全是用意不用力。練太極拳，全身鬆開，不使有分毫之拙勁，以留滯於筋骨血脈之間，以自束縛，然後能輕靈變化，圓轉自如。或疑：不用力何以能長力？蓋人身之有經絡，如地之有溝血。溝血不敵而水流；經絡不閉而氣通。如渾身僵勁充滿經絡，氣血停滯，轉動

不靈，牽一髮而全身動矣。若不用力而用意，意之所至，氣即至焉。如是氣血流注，日日貫輸，周流全身，無時停滯，久久練習，則得真正內勁，即太極拳譜所云：「極柔軟，然後能極堅剛。」太極拳功夫純熟之人，臂膊如綿裹鐵，分量極沉。練外家拳者，用力則顯有力；不用力時，則甚輕浮。可見其力，乃外勁、浮面之勁也。不用意而用力，最易引動，不足尚也。

7. 上下相隨

上下相隨者，即太極論中所云：「其根在腳，發於腿，主宰於腰，形於手指。由腳而腿、而腰，總須完整一氣。」手動、腰動、足動，眼神亦隨之動，如是方可謂之上下相隨。有一不動，即散亂矣。

8. 內外相合

太極拳所練在神，故雲「神為主帥」「身為驅使」。精神能提得起，自然舉動輕靈。架子不外虛實開合。所謂開者，不但手足開，心意亦與之俱開。所謂合者，不但手足合，心意亦與之俱合，能內外合為一氣，則渾然無間矣。

9. 相連不斷

外家拳術，其勁乃後天之勁，故有起有止，有續有斷，舊力已盡，新力未生，此時最易為人所乘。太極拳用意不用力，自始至終，綿綿不斷，週而復始，循環無窮。

原論所謂「如長江大河，滔滔不絕」。又曰「運勁如抽絲」，皆言其貫串一氣也。

10. 動中求靜

外家拳術，以跳擲為能，用盡氣力，故練習之後，無不喘氣者。太極拳以靜禦動，雖動猶靜。故練架子愈慢愈好。慢則呼吸深長，氣沉丹田，自無血脈僨張之弊。學者細心體會，庶可得其意焉。

歡迎至本公司購買書籍

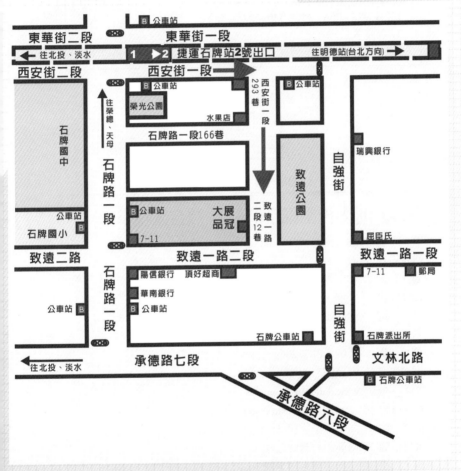

建議路線

1. 搭乘捷運‧公車

　　淡水線石牌站下車，由石牌捷運站2號出口出站(出站後靠右邊)，沿著捷運高架往台北方向走(往明德站方向)，其街名為西安街，約走100公尺(勿超過紅綠燈)，由西安街一段293巷進來(巷口有一公車站牌，站名為自強街口)，本公司位於致遠公園對面。搭公車者請於石牌站(石牌派出所)下車，走進自強街，遇致遠路口左轉，右手邊第一條巷子即為本社位置。

2. 自行開車或騎車

　　由承德路接石牌路，看到陽信銀行右轉，此條即為致遠一路二段，在遇到自強街(紅綠燈)前的巷子(致遠公園)左轉，即可看到本公司招牌。

國家圖書館出版品預行編目資料

劉慶洲太極拳推手與 66 式綜合太極拳／劉慶洲　著——初版
——臺北市，大展出版社有限公司，2021〔民 110 . 10〕
面；21 公分——（推手武學；4）
ISBN 978－986－346－340－5（平裝）
1. 太極拳
528.972　　　　　　　　　　　　　　　110013066

劉慶洲太極拳推手與 66 式綜合太極拳

著　　者／劉　慶　洲
責任編輯／孔　令　良
發 行 人／蔡　森　明
出 版 者／大展出版社有限公司
社　　址／台北市北投區（石牌）致遠一路 2 段 12 巷 1 號
電　　話／（02）28236031・28236033・28233123
傳　　真／（02）28272069
郵政劃撥／01669551
網　　址／www.dah-jaan.com.tw
E-mail／service@dah-jaan.com.tw
登 記 證／局版臺業字第 2171 號
承 印 者／傳興印刷有限公司
裝　　訂／佳昇興業有限公司
排 版 者／弘益企業行
授 權 者／人民體育出版社
初版 1 刷／2021 年（民 110）10 月

定　價／330 元

大展好書　好書大展
品嘗好書　冠群可期

大展好書　好書大展

品嘗好書　冠群可期